中国历代
名著全译 · 丛书

[春秋]孙武 著

周亨祥 译注

孙子全译

贵州出版集团

贵州人民出版社

中国历代名著全译丛书
编委会

中国历代名著全译丛书
再版工作委员会

再版说明

◎ 在人类文明历史长河中，中华民族创造了源远流长、博大精深的优秀传统文化，它是中华民族的"根"与"魂"，为中华民族生生不息、发展壮大提供了强大的精神支撑。中华优秀传统文化内容包蕴万千，而浩如烟海的历代经典名著正是其中最为璀璨的瑰宝。

◎ 为了传承和弘扬中华优秀传统文化，使广大读者了解我国历代经典名著的全豹，上世纪90年代，我们在全国学术界许多著名学者的支持下，出版了这套《中国历代名著全译丛书》。丛书分两批，每批50种，精选我国历代经史子集四部名著以全注全译的形式整理出版。由于丛书开名著全译之先河且兼具权威性、通俗性、学术性和资料性，出版之后得到书界的认可和受到读者的喜爱，并于1993年荣获第三届中宣部精神文明建设"五个一工程"奖。

◎ 随着中国开启建设社会主义现代化国家新征程，文化作为一个国家、一个民族的灵魂，在中国特色社会主义事业全局中的重要地位被进一步凸显，提高文化软实力成为实现中华民族伟大复兴的重要支撑。正是由于这样的背景，让我们开启《中国历代名著全译丛书》的再版工作具有非同寻常的意义。此次再版我们主要做了两项工作：一是对书的内容进行全面细致的校订，改正上一版中存在的舛误，同时，在尊重和保持作者学术成果原貌的基础之上，对个别属于历史局限的地方作了适当处理，使其内容更加精善；二是对书的装帧形式重新进行设计，使其形态更具审美价值并符合新时代读者的阅读习惯。

◎ 我们相信，这套新版的《中国历代名著全译丛书》在让读者领略到中华优秀传统文化独特风采与恒久魅力的同时，对提升中华民族文化自觉自信将起到应有的作用。

贵州人民出版社有限公司

2021 年 1 月

前 言

◎ 孙子，名武，字长卿。中国古代伟大的军事家。他不仅是2000年来中国历史上波澜壮阔的战争话剧的"幕后导演者"，而且成了当今世界许多大国、强国军事家、政治家的"座上宾"。他的言论被广泛地应用于军事、政治、经济各领域中，诸如美国这样的军事大国，其作战纲要也引用孙子语录作为信条①。他不仅是中国妇孺皆知的兵家鼻祖，而且是世界最早的伟大军事理论家。

◎ 孙子的生卒年月，已难确切考证。从司马迁《史记·孙子吴起列传》中"西破强楚，北威齐晋，显名诸侯，孙子与有力焉"来看，孙子大显身手的活动时期当在公元前512年至公元前482年。其时为社会大动荡的春秋末年，与生于公元前551年，卒于公元前479年的孔子为同时期人。据《新唐书·宰相世系表》十三下记载，孙子先祖为陈国贵族后裔。陈氏出自妫姓，为虞帝舜之后。夏禹封舜之子商均于虞城，三十二世孙遏父（亦作阏父）为周朝陶正（管理制陶业的大臣），其子即胡公，封之于陈，赐姓妫，奉舜祀。胡公九世孙厉公他生敬仲完，厉公他是杀其兄桓公鲍及太子免而自立的。后，桓公少子林令蔡人诱杀厉公，林又自立，是为庄公，其时，完不能立，为大夫。后逃奔齐，以国为姓，称陈完。当时正值齐桓公执政，齐桓公拟聘陈完为卿，陈完辞让，使为工正②。后食采邑于田，故又为田氏，称田完，卒谥敬仲。敬仲完四世孙为桓子无宇。无宇二子，一为田恒，一为田书（《史记·田敬仲完世家》记为武子开与釐子乞）。田书（釐子乞）事齐景公，为大夫，因伐莒有功，景公赐姓孙氏，食采邑于乐安。田书子名凭，字起宗，齐卿；凭生武，字长卿。公元前532年，田氏联合鲍氏，灭执政的旧贵族国惠子（一作惠栾、栾氏）、高昭子，就在这政治斗争的漩涡中，孙子殆为避难而出奔，到了南方的吴国。

◎据《吴越春秋·阖闾内传》记载，孙子到吴国，便在都城姑苏附近"避隐深居，世人莫知其能"。公元前522年，伍子胥为避难自楚奔吴，受到吴公子光的礼遇。他向公子光推荐了刺客专诸，后"退而耕于野"。大约就是这个时期，孙子与伍子胥相识并成为知心朋友。公元前514年，公子光使专诸刺杀吴王僚，自立为王，是为吴王阖闾。阖闾元年，即举伍子胥为行人（外交大臣）。吴王阖闾欲争霸诸侯，决心同实力强大的楚国作战，但缺乏大智大勇的骁将，据《吴越春秋》称，此时伍子胥七次向吴王举荐孙子。公元前512年，孙子通过伍子胥，以兵法十三篇为见面礼，见到了吴王阖闾。

◎ 从公元前532年奔吴到公元前512年见吴王，孙子在吴深居达20年之久，十三篇当是他20年心血的结晶。由于有这20年苦心孤诣的蓄积时期，因而在与吴王对话中，他言论恢宏豁达，精辟新颖，得到吴王赏识，被任命为将军。面对强大的楚国，孙武采取扰楚、疲楚的方针，削弱其实力，然后"攻其无备，出其不意"（计篇），从唐国、蔡国迂回楚之侧后，五战入郢，完成"西破强楚"之功。公元前484年，吴军在艾陵重创齐军；公元前482年，黄池会盟，吴国取代了晋国的霸主地位。在这些斗争中，孙子建立了不可磨灭的功勋，可惜史书仅以寥寥十数字简略叙出，无从详索其迹。在吴"北威齐晋"时，已是阖闾之子夫差当政。夫差昏聩，子胥被杀，而孙子后来则不知所终，此事至今仍为不解之谜。《越绝书》称："巫门外大冢，吴王客齐孙武冢也。去县十里。善为兵法。"是真冢还是纪念性冢，不得而知。

◎ 孙子所处的时代，正是我国奴隶制向封建制嬗变的时代，这是一个大动荡、大分化、大变革、大改组的时代，斗争错综复杂，战争连绵不断。透过"臣弑君""子弑父"现象，我们看到，奴隶起义、新兴地主阶级向奴隶主贵族的夺权与反夺权、奴隶主贵族的相互倾轧、新兴地主阶级的相互吞并等各种斗争交织起来，演化为各种各样连绵不断的战争。在这些战争中，奴隶起义、新兴地主阶级的夺权，是社会矛盾斗争和战争的主导。以铁器的使用和牛耕为标志的新的生产力迅猛发展，猛烈地冲击着奴隶制的社会制度。旧的社会制度已处于"礼崩乐坏"之中，《周礼》所规范的旧的军事理论已不能适应新兴地主阶级夺权斗争的需要，诸如宋襄公那种"蠢猪式"的战术思想已为子鱼等新兴地主阶级军事家所唾弃，新的战争理论在数百次频繁的战争实践中滋长，《孙子兵法》正是在这个时代的召唤下产生的。它是历史发展的必然，是当时丰富的军事实践和理论发展的必然，正如恩格斯所说："新的军事科学是新的社会关系的必然产物③。"

◎ 孙子何以能担当这一伟大的历史使命呢？我们可以从时代所造就的孙子的思想和他的活动领域来寻找答案的线索。

◎ 从孙子的家族中，我们看到，其先祖遏父曾为周之陶正，敬仲完为齐之工正，这个领域是社会生产力改进和发展的寒暑表。"春江水暖鸭先知"，长期活动于这个环境的家族，对社会生产力的发展最为敏感，对社会关系变动的体察较为敏锐、深刻。在齐国为卿的田氏家族就以不同的剥削方式对待民众，釐子乞及后来的田成子竟用小斗进、大斗出的办法争取民心。这种争取民心的思想对孙武是有影响的，在《孙子兵法·计篇》中，把"道"作为制胜的首要条件，充分强调"令民与上同意"的重要性，主张视卒为"婴儿"、如"爱子"（《地形篇》）；在孙子佚文《吴问》中，孙子的思想观点得到更充分的展示：当吴王问孙子，晋六将军"孰先亡，孰固成"时，孙子作了精辟的分析。他认为亩小、税重、兵多者先亡，稍者次之；而亩大、税轻、兵少者"主敛臣收，以御富民"，可以"固国"。它体现了孙子不同于奴隶主阶级的全新的世界观，体现了孙子关于经济、政治、军事之间关系的基本观点。他主张减轻剥削，缓和阶级矛盾，争取民众支持，从而赢得政治上的胜利，赢得以对旧贵族夺权战争为主的战争的胜利。他清楚地看到经济制度决定民心，而民心的向背决定了政治、军事的胜负。吴王阖闾三年，吴王问孙子可否入郢，孙子曰："民劳，未可④。"他注意从民力、民心上审时度势，以新的思想观点看待战争，分析战争，总结新的战争理论。

◎ 孙子出身于军事世家，这是孙子研究兵法、总结军事理论的又一得天独厚的有利条件。孙子祖父尝为将军，伐莒有功；庶祖田穰苴亦为名将，"晋师闻之，为罢去；燕师闻之，渡水而解"⑤。在战争频仍的春秋末年，军事理论已成为各国君主首要关注的问题，作为将门后代的孙子，自是更有条件研究战争。他有着较之其他家族更为充裕的军事方面的书籍，现已亡佚而被孙子引用过的古兵书《军政》《兵法》及被孙子誉为"昔之善战者"一类人的战争实践材料及理论，对孙子创新兵法都起了重要的作用。作为军事将领，若论"功业"，孙子比不上吴起、李广、卫青、霍去病等历代名将的建树；但作为军事理论家，孙子却能雄视千古，独享盛名。《孙子兵法》是我国春秋时期兵学理论的集大成著作，是我国第一部系统完整的军事理论著作。正如明代茅元仪在《武备志·兵诀评》中所说："前孙子者，孙子不遗；后孙子者，不能遗孙子。"

◎ 孙子的十三篇基本上是以权谋为经线，以战争的一般进程为纬线来组织的。换个角度也可以这样说，孙子是以决定战争胜负的五个方面的要素为经线，以战争的一般进程为纬线来阐述战争权谋的。如此布局，使十三篇既为一有机整体，又能各自独立成章。其博大精深的内容，可以分为下述几个主要方面：

一、揭示了战争与政治、经济的关系

◎ 战争是政治的继续，战争是阶级与阶级、国家与国家、政治集团与政治集团之间矛盾不可调和的产物，是政治斗争的最高表现形式。2000多年前的孙子，虽不能像我们今天这样认识战争，但已敏锐地感知到政治与战争的关系，虽未正面、直接地专章论述，但散见于十三篇的许多论述揭示了这方面的观点。首先，孙子认识到政治是决定战争胜负的重要条件，"修道而保法"便能"为胜败之政"。这就是说，政治得民心，战争就得民心，就必然胜利。尤其值得注意的是，孙子在《谋攻篇》中提出"上兵伐谋，其次伐交，其次伐兵，其下攻城"的见解。这个见解就体现了孙子对战争与政治关系的认识，他认为只有政治斗争发展到"不得已"时才进行战争（"国之大事""非危不战"），凡能通过政治途径去解决矛盾、去战胜敌人的，应力求用政治途径（伐谋、伐交）这个不流血的战争形式去解决，而不一定要诉诸武力。因而，他大声疾呼："主不可以怒而兴师，将不可以愠而致战。"（《火攻篇》）这就是说，孙子已向我们揭示：战争受政治制约，战争是政治的另一表现手段，也是最后的表现手段。

◎ 战争与经济的关系，在《作战篇》《用间篇》有集中体现。孙子认为战争必须依赖国之财力、人力、物力，战争不能不首先注意到国家的经济实力。孙子说："驰车千驷，革车千乘，带甲十万，千里馈粮，则内外之费，宾客之用，胶漆之材，车甲之奉，日费千金，然后十万之师举矣"（《作战篇》）。在《用间篇》也有类似的记载。这就指明了经济实力是战争的保证和前提条件。其次，孙子还认为，战争必然引起财物紧张和物价高涨，"近于师者贵卖，贵卖则百姓财竭"（《作战篇》），为了解决支持战争所不断需要的给养问题，他主张"因粮于敌"（《作战篇》），认为"掠于饶野，三军足食"（《九地篇》）,"食敌一钟,当吾二十钟;蓠秆一石,当吾二十石"
(《作战篇》)。认为这是克服后勤长途运输之弊的最好办法,
也是保存本国经济实力,"胜敌而益强"的最好办法。这些,
构成了孙子军事经济思想的主体。

二、提出了争全、主动、求势的战略思想

◎ 孙子所追求的战略权谋的最高原则是争全、主动、求势,
三者融为一体,其核心是求势。这是孙子基本的战略思想。
争全,用孙子原话来说,即"必以全争于天下"(《谋攻篇》)。
大至"全国""全军",小至"全伍",以敌全服、全歼为上,
破而胜之为次,如能"不战而屈人之兵"(《谋攻篇》),收到
"兵不顿而利可全"(《谋攻篇》)的效果,即为"善之善者也"
(《谋攻篇》)。达到这个目的的基本途径首先是伐谋、伐交,
其次是伐兵。除伐谋、伐交以外,伐兵亦要争全,即力求全
歼、全胜。在全局上伐兵的同时,也不放弃局部上伐谋,"不
战而屈人之兵"的努力。这是争全思想不可分割的又一面。
◎ 主动,即"致人而不致于人",牢牢掌握战争主动权。孙
子认为,不管处于怎样的境地,战略权谋的最高原则是力争
"致人而不致于人",这才是"善战者"。其方法是多方面的,
如"先处战地";以利"使敌人自至",以害"使敌人不得至"

（《虚实篇》）；"劳之""饥之""动之"而拖垮敌人，夺取主动；攻其不守，"冲其虚也""攻其所必救"（《虚实篇》），"夺其所爱"（《九地篇》）等，都是获取战略主动的好办法，化被动为主动还有"形人而我无形""我专而敌分"（《虚实篇》），设法使敌人处处防备我，从而造成敌"无所不备，无所不寡"（《虚实篇》）等。战争是瞬息万变的，"兵无常势，水无常形"（《虚实篇》），因而，争夺主动权的问题一刻也不能放松，要做到"因敌变化"而"应形于无穷"（《虚实篇》）。

◎ 求势，用孙子的话来说，战争应"求之于势，不责于人"（《势篇》）。他认为战略决策的最高准则是以势取胜，而不是苛责部下浴血取胜。势是指战争中一方对另一方造成的具有致命威慑力的险峻的战争态势，而这种态势往往是稍纵即逝的。孙子是以激水漂石、弩弩待发来形容势的。战略上谋求势，战役战术上亦要谋求势。势的造成要充分利用客观条件，充分发挥主观能动性，"致人而不致于人"（《虚实篇》），在以正兵交合时巧设奇兵，造成对敌致命部位具有"弩射"的威慑力，从而力求一举全歼敌人。指挥员制订决策和实施决策的过程应是一个造势、任势的过程。主动、出奇，是造势过程中异常重要的两个环节，势的威慑力、险峻性，主要来自"奇"。单纯的正兵不足以称兵法上的势。奇兵之巧就在于出敌不意，待敌发觉时应是实施势即任势之时，敌已感到措手不及，但为时已晚。只有这样，才能形成致命的威慑力。孙膑云："奇发而为正，其未发者，奇也"（《孙膑兵法·奇正》）。是得了孙子思想真谛的。

◎ "求之于势，不责之于人"是伟大战略家的崇高准则，它旨在强调指挥员以权谋，以其指挥艺术，用最小的代价换取最大的胜利。不敢于和不善于浴血奋战的部队显然不是精锐的部队，但只知以部队去浴血奋战的将领绝不是最高明的指挥员，只有善于造势、任势而又统率着敢于浴血奋斗的部队的指挥员，才能以全争于天下。

三、提出了出其不意、灵活机动、以石击卵的战术思想

◎ 孙子关于战术问题的论述，在十三篇中比比皆是。概括地说，他的战术思想就是出其不意、灵活机动、以石击卵。

◎ 战术思想是受战略思想支配、制约的，为着造势、任势，必须"攻其无备，出其不意"，因而，出其不意就成为孙子重要的战术思想。孙子认为，"凡战者，以正合，以奇胜"（《势篇》），真正取得战斗胜利的诀窍在正兵交合时巧设奇兵，求战术上出敌不意，这是直接实现战略意图，为战略意图服务的。孙子认为，只有善于出奇，方能"胜乃不穷"。

◎ 灵活机动，就是指善于针对各种不同情况灵活采取相应

办法，牢牢掌握战场主动权。孙子认为，作战要"乱而取之""实而备之""强而避之""怒而挠之""卑而骄之""亲而离之"（《计篇》），"敌则能战之""少则能逃之"（《谋攻篇》），"塗有所不由，军有所不击，城有所不攻，地有所不争"（《九变篇》），"无邀正正之旗，勿击堂堂之陈"（《军争篇》），总之要"因敌变化""悬权而动"（《军争篇》），"合于利而动，不合于利而止"（《九地篇》），都充分强调了作战中灵活机动的原则，其目的就在"致人而不致于人"，消灭敌人，"自保而全胜"（《形篇》）。

◎ 对敌作战，应立足于自己的充分准备，不可战胜。"先为不可胜，以待敌之可胜"（《形篇》），"无恃其不来，恃吾有以待也；无恃其不攻，恃吾有所不可攻也"（《九变篇》），这一思想，既有战略意义，又有战术意义。无论是出奇还是灵活机动，其基本立足点还是自己的不可战胜，只有自己先站稳了，才可伺机进击，才可自如地因敌变化。

◎ 灵活机动的一个重要成分是军事行动要快，要速。"兵闻拙速，未睹巧之久也"（《作战篇》）。只有速，才能"乘人之所不及"，才能"动于九天之上"，如神兵天降。

◎ 以石击卵，就是说，不管战略上双方强弱众寡如何，战术上一定集中优势兵力如以石击卵般打击敌人，以实击虚，冲敌方虚。"其用战也胜""兵贵胜"（《作战篇》），说的就是用战必须胜任裕如。要有绝对优势力量举兵必克。"兵之所加，如以碫投卵者，虚实是也"(《势篇》)。这就是强调要注意选择敌之虚处进攻，并注意胜敌于敌势未张，胜敌于未萌，"胜已败者"(《形篇》)。"胜兵若以镒称铢""若决积水于千仞之谿"(《形篇》)，"如转圆石于千仞之山"(《势篇》)，这是一方面。另一方面，孙子还强调要注意化敌之实为虚，化敌之众为寡，然后以实击虚，以众击寡。孙子说："形人而我无形，则我专而敌分；我专为一，敌分为十，是以十攻其一也，则我众而敌寡，能以众击寡者，则吾所与战者约矣"(《虚实篇》)。战斗中"备前则后寡，备后则前寡，备左则右寡，备右则左寡，无所不备，无所不寡。寡者，备人者也；众者，使人备己者也"(《虚实篇》)。如能准确选择敌之"寡"，又能化敌之众为"寡"，从而以众击寡，便是得了孙子以石击卵战术思想的精髓。

四、揭示了"知彼知己，百战不殆"的军事规律

◎ 孙子认为，战争指导者要使自己的决策正确，必须使决策符合客观实际；要使决策符合客观实际，必须确知敌我双方政治、军事、经济、天道、地形等全方位的情况。"知吾卒之可以击，而不知敌之不可击，胜之半也；知敌之可击，而不知吾

卒之不可以击，胜之半也；知敌之可击，知吾卒之可以击，而不知地形之不可以战，胜之半也。""知彼知己，胜乃不殆；知天知地，胜乃不穷"（《地形篇》）。而要做到"知"，"不可取于鬼神，不可象于事，不可验于度，必取于人"，必须善于运用间谍，"五间俱起，莫知其道，是谓神纪"（《用间篇》）。他主张应不惜爵禄百金来使用间谍，特别注意选择以"上智"为间。当然，除用间外，还有"策之而知得失之计，作之而知动静之理，形之而知死生之地，角之而知有余不足之处"（《虚实篇》）及《行军篇》"相敌"三十二法等，都是知敌之情的方法和手段。孙子不仅揭示了这条规律，还指明了实现这条规律的基本途径。2000多年来的实践证明，孙子所揭示归纳的这条规律，至今仍是真理。

五、提出了新兴地主阶级的军事人才观

◎ 按西周奴隶主阶级的森严等级观念，非贵族出身不得任战车上的甲士，非公卿不得领兵为将。显然，这种任用和选拔军事将领的观点方法是不利于新兴地主阶级掌握军权，登上历史舞台的，也是不能适应和满足时代需要的。随着"礼崩乐坏"局面的出现，随着斗争的需要，从社会中下层产生出来的职业军人实际上已逐步登上领兵舞台。孙子顺应历史发展的潮

流，从理论上总结归纳出其军事人才观，为职业军事将领、新兴地主阶级军事家登上战争指挥台鸣锣开道。他说，将帅应具备智、信、仁、勇、严五个要素。这在当时令人耳目一新，确乎耐人寻味。除"门第"观念以外，人们总把"勇"与将首先联系在一起，而孙子却把智放在第一位，勇退居第四位。在孙子看来，真正的良将应具备机敏的政治头脑，懂得战争与政治攸关，能谋求"伐谋""伐交"的策略，否则，只是一介武夫，不足为"国之辅也"。第二，将领制胜，应"求之于势，不责于人"，能"知彼知己""知天知地"，能微妙地用间，能巧设奇兵，灵活机动，"悬权而动"，这些，"智"是头等重要的。将帅不能不会武艺，但仅会武艺绝不能成为一个好将帅。将帅的根本职责在于运筹帷幄、组织指挥。这在孙子以前早就明确，但担当这一职责所具备的素质，却是孙子系统明确地第一次提出，将"智"置于各要素之首，这是孙子的独创。

六、提出了"令之以文，齐之以武"的治军原则

◎ 新兴地主阶级既然懂得民心对于战争胜负的重要决定作用，又需依靠平民、奴隶作为基本力量去推翻奴隶主阶级，因而除了在全民范围内主张行"道"外，在治军上相应地主张教化，主张爱护士卒，主张给士卒以一定的人格地位而不单纯是奴隶

的地位。孙子说，"道者，令民与上同意也"（《计篇》），"令素行以教其民，则民服。""令素行者，与众相得也"（《行军篇》）。主张视卒如"婴儿""爱子"。当然，教、爱的目的是要士卒为上卖命，"视卒如婴儿，故可与之赴深谿；视卒如爱子，故可与之俱死"（《地形篇》），将帅便可得心应手地率领他们履行"上"的使命，"虽赴水火犹可也"。

◎ 光有教、爱的一面还不行。孙子认为还必须有使令与罚的一面，且主张先爱、先教，后使令、后罚。如果"厚而不能使，爱而不能令，乱而不能治，譬若骄子，不可用也"（《地形篇》），故"令之以文，齐之以武"（《行军篇》），重视教令，兼行赏罚，"一人之耳目"，使"勇者不得独进，怯者不得独退"（《军争篇》），从而指挥三军"若使一人"。这些构成了孙子治军思想的主体。

◎ 善待俘虏，不予杀戮，并通过教育使其转化为战斗力，亦为孙子治军思想的组成部分。孙子主张对战场上的俘获，要"卒善而养之，车杂而乘之"，从而"胜敌而益强"，是相当高明的。

◎ 应该说，孙子关于将领素质的论述，他的军事人才观，也是他治军思想的有机组成部分，它解决了应由什么人治军和怎样治军的问题，治军要严，士卒要训练有素自在其中。另外，反对不懂军事的旧贵族干预军权，掣肘军队，也是孙子治军思想的重要观点。孙子认为："不知军之不可以进而谓之进，不知军之不可以退而谓之退，是谓縻军。不知三军之事而同三军之政者，则军士惑矣；不知三军之权而同三军之任，则军士疑矣；三军既惑且疑，则诸侯之难至矣。是谓乱引胜"（《谋攻》）。这一观点，与孙子的军事人才观是遥相呼应的，这与其说是为了保证军队的政令统一，不如说是为了保证新兴地主阶级军事家能牢固握住军权。

◎ 当然，作为地主阶级的成员，孙子在治军上还确有"愚士卒"的一面。涉及军事谋略，便主张"愚士卒之耳目，使之无知"。如果从保守机密角度上看，不让士卒知情，"驱而往，驱而来，使之无知"尚可理解。但孙子的目的不止于此。孙子"教""令"的目的是为了将帅得心应手，他主张将欲智而士欲愚，对士卒采取"犯之以事，勿告以言；犯之以利，勿告以害"（《九地篇》），过分强调将士卒置于死地。他不可能从根本上把士卒当人看待，更不可能将之看作主人。在这点上，他是有其时代和阶级的局限性的。

七、体现了朴素的唯物论和辨证的思想方法

◎ 孙子研究战争就是从客观存在的实际出发，从战争双方的社会的、自然的环境出发。在"天"与"人"的关系上，孙子

否定"天"而肯定"人"，否定"天命"。孙子的"天"，是实实在在的"阴阳、寒暑、时制"，是自然的天，不是超乎一切、主宰一切、虚无的上帝的"天"。他的十三篇，就是以朴素的唯物论的反映论为指导，从人事与自然的环境出发来研究战争权谋的。"知彼知己，百战不殆"这一名言，便是孙子以朴素的唯物论的反映论来研究战争的集中体现。

◎ 孙子在对战争的考察研究中，敏锐地感察到了事物矛盾对立的一系列现象：胜负、强弱、实虚、众寡、奇正、治乱、安危、饱饥、劳逸、死生、远近、迂直、攻守、利害、勇怯、进退、得失等等。并且进一步认识到，对立的双方是相比较而存在的："乱生于治，怯生于勇，弱生于强"（《势篇》）。而且"兵无常势，水无常形"，在一定条件下，对立面会向相反方向转化，人在促进事物矛盾转化中是起积极主导作用的："故形人而我无形，则我专而敌分；我专为一，敌分为十，是以十攻其一也，则我众而敌寡"（《虚实篇》），"奇正相生，如循环之无端"。只要善于采取"能而示之不能，用而示之不用""利而诱之"（《计篇》）等"致人而不致于人"的办法，便可促进矛盾转化，改变敌我态势。人类认识世界的目的，不仅在解释世界，而且在于改造世界，革命的、进步的思想家尤其代表了这个目的。孙子这一促进事物矛盾转化、能动地改造世界的思想，无论在军事上、政治上、哲学上都具有积极意义。

◎ 不仅如此，孙子还看到，任何事物的某一面都是可分的：实中有虚，虚中有实；强中有弱，弱中有强；强大之敌，必有虚弱之处；严密的防务，也有薄弱环节。"备前则后寡，备后则前寡，备左则右寡，备右则左寡，无所不备，则无所不寡"（《虚实》）。这些分析，从哲学上看来，的确闪烁着朴素的辩证法的光辉。

◎《孙子兵法》博大精深的内容当然不止这些，如军事地形、用间等，都有许多精彩的论述，这里不一一介绍。

◎《孙子兵法》值得吸取的精华是丰富的，但作为人类发展到一定阶段的产物，《孙子兵法》在今天看来尚有一些不足，这里略谈几点：

◎ 首先，孙子虽看到了战争与政治的关系，但他没有论述战争的性质，虽然史家有"春秋无义战"的说法，但作为一部军事理论著作，这一点对《孙子兵法》来说不能不是一个缺陷。

◎ 其次，孙子提出了新的军事人才观，但过分强调将帅的作用，认为其是"生民之司命，国家安危之主"，同时又主张"愚士卒"。这是他的历史局限性之一。

◎ 第三，论述战术原则有绝对化倾向。如"高陵勿向""背丘勿逆""归师勿遏""围师必阙"等，随着战争水平的提高，其不足之处明显地显露出来。

◎ 由于绝对真理是一切相对真理的总和，人们只能接近却无法达到绝对真理，所以世界上没有十全十美的事物，也没有十全十美的理论，任何事物和理论都是要发展的。《孙子兵法》虽有不足，但瑕不掩瑜，至今不失为熠熠生辉的民族瑰宝，我们应认真继承这一文化遗产，取其精华，去其糟粕，古为今用，推陈出新。

◎ 一部著作的问世，其社会效果往往是作者所意想不到的。作者未必然，论者未必不然，文学作品如此，理论著作亦然。《孙子兵法》今天享誉中外军事领域，而且被广泛应用于社会、政治、经济管理等各种领域，简直成了一枚社会学的大魔方，被人们珍玩、赞叹不已。其影响之深远，恐怕是孙子当年向吴王上书时所始料不及的。

◎ 自战国以来，《孙子兵法》一直被视为法宝。"境内皆言兵，藏孙吴之书者家有之"（韩非《五蠹》），"世俗所称师旅，皆道孙子十三篇"（司马迁《史记·孙子吴起列传》），三国时，曹操为《孙子》作注，并写了序言；此后，梁有孟氏，唐有李筌、杜牧、陈皞、贾林，宋有梅圣俞、王晳、何延锡、张预陆续为之作注，合称《孙子十家注》。南宋时，又将杜佑在《通典》中分类引叙孙子的言论所作的注纳于其中，称为《十一家注孙子》（诸子集成本称《孙子十家注》），其他注本和研究著作亦汗牛充栋。据统计，在中国自孙子以后的2000多年里，研究孙子而留下姓氏者有200余家，著作500余部，存世的也有420余部。北宋神宗时，规定把以《孙子》为首的《武经七书》作为武学必读之书；南宋时，更是作为选将的必考内容。自战国以来，历代将领无不述《孙子》以指导战争。诚如明代茅元仪所说："后孙子者，不能遗孙子。"

◎ 以马克思主义为思想武器对《孙子兵法》进行研究，始于20世纪20年代以后。毛泽东在对《孙子兵法》进行深刻研究和灵活运用的基础上，提出了许多新颖、精辟的见解，屡见诸其论著。以马列主义、毛泽东思想为指导，对《孙子兵法》进行专门研究的，应首推郭化若。他在毛泽东的倡导下，于1939年11月至1940年1月在《八路军军政杂志》连载《孙子兵法之初步研究》，继而出版了《孙子今译》。在现代《孙子》研究领域，郭先生筚路蓝缕之功是举世公认的。中华人民共和国成立后，又一批有影响的研究著作问世，如杨炳安的《孙子集校》，杨家骆主编的《孙子集校》，张世禄的《孙子兵法白话注解》等，在校勘、注释上作了深入的探讨。1972年，银雀山汉墓《孙子兵法》与《孙膑兵法》出土，是《孙子》研究领域划时代的大事，无论校勘、注释还是军事思想诸方面研究，从此步入了一个新的阶段。尤其是1977年后，《孙子》研究进入空前活跃时期，论著多，研究广。有军事科学院《孙子兵法新注》、吴如嵩《孙子兵法浅说》、陶汉章《孙子兵法概论》、杨炳安《孙子会笺》等相继出版。此外，还有唐满先《孙子兵法今译》、叶钟灵《孙子兵法、论语管理思想选辑》、庞齐《孙子兵法探析》、张文穆《孙子兵法解诂》、朱军《孙子兵法释义》等。

◎ 银雀山汉墓竹简《孙子兵法》公布于世以后，引起海内外学术界震动。台湾、香港等地区学者非常重视，1977年起陆续推出一批研究著作，如魏汝霖《孙子今注今译》、陈华元《孙子新诠》、郑峰明《孙子思想研究》、冯龙《孙子例证之研究》、潘光建《孙子兵法新论》、萧天石《孙子战争论》、肖而邝《孙吴兵法与企业管理》等等。从学术角度上看，皆不乏可资参考借鉴之处。

◎《孙子兵法》的"输出"，远在唐朝即开始。唐武则天时，日本留唐学生吉备真备于公元734年把《孙子兵法》《吴子》等带回日本。传入日本初期只作为秘密图书保存并流传在学者及武将之家，至德川幕府时期，才兴起研究热潮。自那时起，日本研究《孙子兵法》的著作不下一百六七十种。其中1980年出版的佐藤坚司《孙子之思想史的研究》和1987年服部千春在中国出版的《孙子兵法校解》是日本研究《孙子兵法》具有代表性的力作。军人出身的兵法学者兼企业家大桥武夫成功地以《孙子》指导经营，其《用兵法经营》一书是他这方面的经验总结。他以《孙子兵法》中"上下同欲者胜"作为经营方针，使东泽精密公司大获其利。

◎ 1782年，《孙子兵法》由耶稣会会士阿米欧神父译成法文。1905年，在日本学习的英国皇家野战炮兵上尉卡尔思罗普首次将《孙子兵法》译成英文。1910年，英国著名汉学家贾尔斯根据中文版重译。由于贾尔斯汉学造诣极深，又对原作进行了深入研究，故其译文精密，至今仍是权威译本。1963年，美国退休准将格里菲斯根据孙星衍校《孙子十家注》本重新翻译。该本弥补了贾尔斯本某些不足，亦为近20年来的权威译本。继法、英译本后，德、捷、俄、朝鲜、越南、马来西亚、希伯来文等译本相继问世，受到世界普遍关注。

◎ 近年来，《孙子》研究已成为国际性"热门"，成果愈益丰富，应用范围甚广。1988年、1990年先后在中国召开两届国际性《孙子兵法》学术研讨会，不仅推动了在军事科学领域中的《孙子兵法》研究，而且推动了在其他领域中更广泛、深入地研究、应用和推广《孙子兵法》。如在企业管理、商业竞争、体育竞赛等许多方面，都有不少人运用《孙子兵法》的战略、策略和战术思想及辩证方法，取得了成功。

◎《孙子兵法》被运用于企业经营管理、市场竞争，是近年来孙子研究和应用的新动向，也是近年来人们感到新鲜的话题。大量移用《孙子兵法》于商业竞争和企业管理的历史契机在第二次世界大战后。当时，日、美、西德、韩国等国大批军人弃武从商，以兵法治商，由于运用恰当，不少人取得了成功，从而使不少研究者看到了《孙子兵法》对商业竞争、企业管理的指导意义，促进了研究《孙子兵法》的国际性学术热潮的兴起。

◎ 随着对孙子思想及其应用研究的深入，对《孙子兵法》原旨的研究也提出了更高的要求。这本《孙子全译》，就是力求吸取前人与今人的研究成果，以现代汉语准确地反映《孙子兵法》本旨，力求为学习研究《孙子兵法》者提供一块较为可靠的基石。主要参照书有上海古籍出版社的《十一家注孙子》、中华书局的《孙子兵法新注》（以下简称《新注》）、吴如嵩《孙子兵法浅说》、陶汉章《孙子兵法概论》、文物出版社《银雀山汉墓竹简孙子兵法》（以下简称竹简本《孙子兵法》）等。笔者之见有异于众贤者，将分列诸注；文句理解有异者，只在译文中体现，必要时用按语予以说明。凡引《十一家注孙子》古注，均直引注家姓名，不冠书名。

◎ 本书原文以上海古籍出版社印行的《十一家注孙子》原本为底本，凡参校竹简本《孙子兵法》及他书处，随注标出。

◎ 本书以篇为单位注译。每篇标题下有题解，简要说明该篇内容及有关问题。正文之后，先出注释，后出译文，分段行文。"全译"以译为主，凡在译文中能体现的，一般不出注；如有需提请读者注意而又不能在注释与译文中全面体现的，则加按语。

◎ 笔者在《孙子兵法》研究中虽积累大量资料，但仍恐难免挂一漏万，疏陋、错误之处，有待专家、同行及后来者批评、指正，学术发展的生命也正在此。

译注者

1991年6月

注释

① 见1985年1月25日《解放军报》:《孙子兵法与西方核战略》。

② 参见《史记·田敬仲完世家》。

③《1852年神圣同盟对法战争的可能性与展望》。

④《史记·吴太伯世家》。

⑤《史记·司马穰苴列传》。

目录

计篇

题解 本篇为《孙子兵法》首篇，篇名为"计"，"篇"字为后人所加，其余十二篇均如此。古籍传抄时，此类情况尚多。《武经七书》本写作"始计"，因其为首篇而加"始"字。银雀山汉墓竹简本《孙子兵法》即作"计"。

本篇是在考察战争的论题下，从人事与自然、主观与客观两大范畴提出了决定战争胜负的基本条件。故曹操注曰："计者，选将、量敌、度地、料卒、远近、险易计于庙堂也。"文章先以一语点明研究战争的重要性，接着便从"道""天""地""将""法"五个方面列举了决定战争胜负的社会和自然的种种客观条件。然后，又在"兵者，诡道也"观点统帅下，列举了将帅发挥主观能动性，转化矛盾，造成有利战争态势的情况，进一步阐述了决定战争胜负的条件。篇末则强调战争胜负只能从这些"条件"比较中产生，只能从人事与自然的实际中产生，鲜明地体现了孙子朴素的辩证法思想和唯物主义的战争观。

原文 孙子曰：兵者，国之大事①，死生之地，存亡之道②，不可不察也③。

注释　①汉简"事"下有"也"字。兵，本指所持械具。甲骨文、篆文均作双手持石斧挥动状。《说文》："兵，械也。从廾从斤，并力之貌。"此处用作战争的代词。上古把祭祀和战争列为国家头等大事。《左传·成公十三年》："国之大事，在祀与戎。"又襄公二十七年："圣人以兴，乱人以废；废、兴、存、亡……皆兵之由也。"

　　②地：场所。道：途径。贾林曰："地犹所也。亦谓陈师振旅战阵之所。"王晳曰："兵举，则死生存亡系之。"张预曰："民之死生兆于此，则国之存亡见于彼。"戚继光《大学经解》云此句"正以释国之大事也。地字虚看，乃兵之死生所系；存亡，以国言"。此处"地""道"互文，无论实看虚看，皆泛言战争同国家、人民的生死存亡关系极大。"死生之地"，从战争场所决定生死立言，强调战争非儿戏；"存亡之道"，从战争结果决定国家存亡立言，与上句互文，极言干系之大。梅尧臣（圣俞）注为"地有死生之势，战有存亡之理"，贾林认为"得其利则生，失其便则死"，似于文意未妥。

　　③察：反复审视。这里指深入考察、研究。

译文　孙子说：战争，是国家的头等大事，关系到人民的生死，国家的存亡，是决定国家存亡的途径，不能不认真加以考察。

原文　故经^①之以五事^②，校^③之以计^④，而索^⑤其情^⑥：一曰道，二曰天，三曰地，四曰将，五曰法。道者，令民与上^⑦同意^⑧也，故可以与之死，可以与之生，而不畏危^⑨。天者，阴阳^⑩、寒暑、时制也。地者，远近、险易^⑪、广狭、死生^⑫也。将者，智、信、仁、勇、严也^⑬。法者，曲制^⑭、官道^⑮、主用^⑯也。凡此五者，将莫不闻，知之者胜^⑰，不知者不胜。故校之以计，而索其情，曰：主孰有道？将孰有能？天地孰得？法令孰行？兵众孰强^⑱？士卒孰练^⑲？赏罚孰明？吾以此知胜负矣。

注释　①经：织机上的纵线，引申有"纲""纲领"之义。这里作动词，意为"以……为纲进行研究"。

②五事：五个方面的情况，即下文"道、天、地、将、法"五个方面的情实。按：竹简本此句无"事"字。杜牧注："五者，即下所谓五事也。"亦只注"五"，殆孙子原书本无"事"字。

③校（jiào）：比较。

④计：上古筹码称计，称算，引申作条件、因素等。《说文》："计，算也。"《周礼·天官·小宰》："以听官府之六计，弊群吏之治：一曰廉善，二曰廉能，三曰廉敬，四曰廉正，五曰

廉法，六曰廉辨。"又《管子·七法》："刚柔也，轻重也，大小也，实虚也，多少也，谓之计数。""校之以计"的"计"的用法与上二例相类，这里指战争双方各自具备的有利条件。又郭化若《十一家注孙子附今译》注为"计算"。一般流行本多依古说（如王晳等"计者，谓下七计"）注为："指'主孰有道'等七计。"虽指出了概念外延，但实不可以"七"限之。

⑤索：求索，探究。

⑥情：情实，情形。

⑦上：国君。

⑧意：思想，志向。同意：思想一致。"道者，令民与上同意也"说明"道"纯属政治概念。孙子将道列于五事之首，足见其对政治条件的重视。《商君书·战法》："战法必本于政胜。"《荀子·议兵》："故兵要在乎善附民而已。"可与孙子此义相参证。

⑨不畏危：曹操注，"危者，危疑也"。俞樾《诸子平议·补录》云："曹公注曰：危者，危疑也。不释畏字，其所据本无畏字也。民不危，即民不疑，曹注得之。孟氏注曰：一作人不疑。文异而义同也。《吕氏春秋·明理篇》曰：以相危。高诱训危为疑，盖古有此训；后人但知有危亡义，妄加畏字于危字上，失之矣。"杨炳安《孙子会笺》按："俞说有理，应从汉简与曹注去'畏'字，作'故可以与之死，可以与之生，

而不危也'。不危，言无疑贰之心。"此解与"同意"文旨一致，善。汉简此处作"弗诡"。《说文》："诡，违也。"违，有疑、贰之义，可通。而释为"不敢违抗"，失之。

⑩阴阳：实指昼夜、晴晦等自然天象。

⑪险易：《说文》："险，阻难也。"泛指险阻难行之地。易，平易，平坦易行之地。《淮南子·兵略训》："易则用车。"高诱注："易，平地也。"

⑫死生：死地、生地。死地，指不疾战取胜则死，毫无退路的境地。《孙子兵法·九地》："疾战则存，不疾战则亡者，为死地。"又"无所往者，死地也"。非死地，利于攻守进退，即生地。此句在汉简中为"地者，高下、广狭（写作陕）、远近、险易、死生也"。多"高下"二字。

⑬智、信、仁、勇、严：孙子认为这是将帅必备的五个方面的素养，古来注家称之为将之"五德"。此句《潜夫论》引作"将者，智也，仁也，敬也，信也，勇也，严也"。杨炳安《孙子会笺》："查曹注及其他各注皆未及'敬'字，'敬'字盖王符臆增。"此说当是。此句梅尧臣注："智能发谋，信能赏罚，仁能附众，勇能果断，严能立威。"王皙曰："智者，先见而不惑，能谋虑、通权变也。信者，号令一也。仁者，惠抚恻隐，得人心也。勇者，徇义不惧，能果毅也。严者，以威严肃众心也。五者相须，缺一不可。故曹公曰，将宜五德备

也。"皆善。

⑭曲制：部队的编制规定。曲：部曲，军队编制之称。《后汉书·百官志·将军》："其领军皆有部曲。大将军营五部，部校尉一人……部下有曲，曲有军候一人。"曹操、李筌各家皆注"曲"为"部曲"。

⑮官道：各级将吏的职守范围规定。"官道"之"道"与"曲制"之"制"均指规定、制度。

⑯主：掌管。用：给用。主用，即军需物资的供应管理制度。曹操注"主军费用也"，得之。

⑰闻：听说，粗有了解。知：这里指透彻掌握，深刻领会。

⑱兵众：兵力。此句从军队整体立言。

⑲士卒：士兵。此句从单个士兵立言。练：干练，训练有素，即今之所谓单兵素质好。

译文

应该以五个方面的情实为纲，通过具体比较双方的基本条件来探讨战争胜负的情形：一是"道"，二是"天"，三是"地"，四是"将"，五是"法"。所谓"道"，就是从政治上使民众与君主的思想一致，这样，民众就能与君主同生死共患难，誓死效命，毫无二心。所谓"天"，就是气候的阴晴、寒暑、四季节令的更替规律等。所谓"地"，就是指行程的远近、地势的险峻或平易，战地的广狭，是死地还是生地等。所谓"将"，就是看将领们是否具备智、信、仁、勇、严五种素质。所谓"法"，就是指部队的组织编制制度，军官的职责范围规定，军需物资的供应管理制度等。大凡这五个方面，将领们没有谁没听说过，但只有透彻掌握了的人才能取胜，没有透彻掌握的人则不能取胜。因而，还要通过比较双方的具体条件来探究战争胜负的情形。这些条件是：双方君主哪一方施政清明、有道；将领哪一方更有才能；天时、地利哪一方占得多；军中法令哪一方执行得好；兵力哪一方更强大；士兵哪一方更训练有素；奖赏与惩罚哪一方更严明；我凭着对这些情况的分析比较，就可知道战争胜负的情形了。

原文

将①听吾计②，用之必胜，留之③；将不听吾计，用之必败，去之。

注释

①将：一说，读 jiāng，通常视为助动词，实为语气副词，含假设语气。明赵本学《孙子书校解引类》云："将字一作如字。"此即谓"将"犹"如"也。作"如"字就是实在的假设连词。这一说，无论"将"字词性归属如何，均认为此句为孙子激

吴王之词，"吾"指孙子，下文"去""留"皆为孙子言之。此说首于陈皞、梅尧臣等。梅尧臣曰："武以十三篇干吴王阖闾。故首篇以此辞动之。谓王将听吾计而用战必胜，我当留此也。王将不听我计而用战必败，我当去此也。"而戚继光《大学经解》谓"将"乃"将兵之将"，读 jiàng，"去""留"乃以国君对将言之。杨炳安《孙子会笺》云："此二说皆可通。"以《新注》为代表的流行本注时并列二说，译则多取前说。按：虽"二说皆可通"，细审上下文意，当以前说为善。至于孟氏曰："将，裨将也。"失之。

②计：此指军事谋略思想。

③用之：亦有二说。一为"用兵""用战"，"之"为语气词；二为"任用"，即"任用我领兵""任用我作战"，"之"为第一人称代词，二说皆可通，以第二说为善，下句"用之"准此。留之：我就留下。之：语气词。下句"去之"准此。"去""留"以孙子言之，顺。按，西周春秋时期，尤以春秋中前期以前为甚，非公卿大夫不可领兵，在朝为卿，在军为将，兵罢回朝为卿。战争胜败，不存在或不仅仅是"去""留"问题。春秋末，于形势所迫，偶用大族庶孽之有声望者，如田穰苴，然得胜罢兵后亦封为大司马。春秋时尚无"职业"将军。孙子此时仅图谋一时的领兵之务，以作为进身之阶，故有"去""留"问题。此问题由孙子提出，无疑加重了孙子

身价的砝码。正因为孙子非"名正言顺"的将军，后又未闻有封侯为卿之事，当时人目之为"吴王客"，《越绝书》所载"巫门外大冢，吴王客齐孙武冢也"。此否可备一说，录以就正方家。

译文 如果您能接受我的军事思想，任用我领兵作战一定胜利，我就留下；如果您不能接受我的军事思想，用我领兵作战必定失败，我就离开。

原文 计利以听①，乃为之势②，以佐其外③。势者，因利而制权也④。

注释 ①听：从，采纳，接受。此句以下张预注曰："孙子又谓，吾所计之利若已听从，则我当复为兵势以佐助其事于外。"
②势：是孙子权谋思想的核心，详见《势篇》。"势"的思想的建立者是孙子，他认为战争应"求之于势，不责于人"。人君制定大略，规定任务，但出外"因敌变化"，巧用奇正，造势取胜，则赖将领。之：第二人称代词。
③佐：辅助，辅佐。佐其外，即"于其外佐之"。其：同上"之"，均指吴王。外：略定于内，势造于外，故言外。梅尧臣曰："定计于内，为势于外，以助成胜。"得之。此言造势

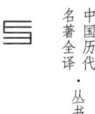

以佐助人君有效地达到战争目的。曹操曰："常法之外也。"
未切。

④权：应变之举。制权：采取应变行动。指"因敌变化""悬
权而动"的造势举动。《荀子·议兵》："权不可预设，变不可
先图，与时迁移，随物变化。"可与上文参互理解。

译文　我的军事思想您认为好并且能够接受，我将为您造成
军事上的势，从外辅佐您。所谓造成军事上的势，就
是在战争瞬息万变的情况中抓住有利的时机采取恰当
的应变行动。

原文　兵者，诡道也①。故能而示之不能②，用而示之不用，
近而示之远，远而示之近；利而诱之③，乱而取之④，
实而备之⑤，强而避之⑥，怒而挠之⑦，卑而骄之⑧，
佚而劳之⑨，亲而离之⑩。攻其无备，出其不意⑪。此
兵家之胜⑫，不可先传也⑬。

注释　①诡：诈。《玉篇》："欺也。"此句言用兵打仗，应以机变为原
则，此乃孙武对敌斗争权谋思想的基础。这一具普遍指导意
义的原则由孙子首次正面提出。到宋代此说受到苏轼、叶适
等人的非议。其实，正如王晳所注："诡者，所以求胜敌，御

众必以信也。"

②此句以下共四句皆言如何以假象惑敌，行诡道也。"能"及下三句之"用""近""远"皆从原则上统言之：能用、能做、能行、能强、能勇……皆曰能；用人、用物、用术、用法、用计……皆曰用；近攻、近途、近日……皆曰近；远亦如之。不可拘泥于一种，狭义释之。

③此句以下共八句皆言针对不同的敌人采取相应对策的情况，亦行诡道也。每句首字指敌情判断，即敌之"属性"，第三字言我之对策，即相应的行动。利：贪利。言敌人贪利。梅尧臣注："彼贪利，则以货诱之。"甚当。

④梅尧臣注："彼乱则乘而取之。"

⑤实而备之：对实力雄厚的敌人要时刻戒备它。梅尧臣曰："彼实则不可不备。"

⑥强：兵力强大。避：避开锋芒。

⑦怒而挠之：梅尧臣注："彼褊急易怒，则挠之使愤急轻战。"挠：挑逗。杨炳安《孙子会笺》认为此"挠在此不训挑，而训屈、折"，"此句言敌若气势汹汹，逞怒而来，我则设法沮败其气焰，使之衰解"。可备一说。

⑧卑：谦下意。《礼记·中庸》："譬如登高必自卑。"此言敌将小心谨慎，稳扎稳打。

⑨佚：同"逸"，与"劳"对言，安也，言敌人休整良好。

⑩亲：亲密，和睦。离：离间。言敌人内部亲密和睦，则要设法使他们分裂离散。

⑪攻其无备，出其不意：此乃孙子千古名言之一，为历代兵家传诵并遵行。

⑫胜：犹"名胜""形胜"之"胜"，此言兵行诡道，临机应变，乃用兵佳妙之所在。《新注》："胜：佳妙，奥妙。"甚切。李筌释为"兵之要"，张预释为"兵家之胜策"，其义近之。

⑬不可先传：曹操曰："传，犹泄也。兵无常势，水无常形，临敌变化，不可先传。"杜牧曰："传，言也。此言上之所陈，悉用兵取胜之策，固非一定之制，见敌之形，始可施为，不可先事而言也。"《新注》："指不可事先具体规定，意即必须在战争中根据情况灵活运用。"

译文

用兵，是以诡诈为原则的。因而，"能"要使敌人看成"不能"，"用"要让敌人看作"不用"，"近"要让敌人看作"远"，"远"要让敌人看作"近"。敌人贪利，就诱之以利而消灭它；敌人混乱，就抓紧时机立刻消灭它；敌人实力雄厚，则须时刻戒备它；敌人精锐强大，就要注意避开它的锋芒；敌人褊急易怒，就挑逗它，使它失去理智；敌人小心谨慎，稳扎稳打，就设法使它骄傲起来；敌人安逸，就要设法使它动乱起来；敌人内部和睦，就离间其关系。在敌人没有准备的情况下进攻，在敌人意想不到的条件下出击。这些，是军事家用兵之佳妙奥秘，是不可事先规定或说明的。

—
原文　夫未战而庙算胜者①，得算多也②；未战而庙算不胜者，得算少也。多算胜，少算不胜③，而况于无算乎？吾以此观之，胜负见④矣。

—
注释　①庙算：《新注》："古时候兴兵作战，要在庙堂举行会议，谋划作战大计，预计战争胜负，这就叫庙算。"庙算胜：即在庙算中认为（即预测到）战争会取胜。杨炳安《孙子会笺》："言战前于庙堂算计战争可能胜利。何以知道可能胜利？因'得算多也'。"

②得算多：即竹简本作"得算多"，谓具备的制胜条件多。筭，"算"之异体字。此处以下数"算"均如此，义同"校之以计"之"计"。杨炳安《孙子会笺》："此'得算'之'算'乃指算筹，亦即获胜条件。"

③多算胜，少算不胜：言获得算筹多，具备的制胜条件多，就胜利；所得算筹少，具备的制胜条件少，就不能胜利。

④见（xiàn）：同"现"，呈现，显现。

译文   未开战而在庙算中就认为会胜利的，是因为具备的制
胜条件多；未开战而在庙算中就认为不能胜利的，是
具备的制胜条件少。具备制胜条件多就胜，少就不
胜，何况一个制胜条件也不具备的呢？我从这些对比
分析来看，胜负的情形就得出来了！

作战篇

题解 本篇从战争对国家人力、财力、物力的依赖性出发，着重论述了"兵贵胜，不贵久"的用兵原则，提出了"因粮于敌"，借敌人力、物力"胜敌而益强"的策略主张。孙子所处的时代，正是我国奴隶制向封建制嬗变的时代，矛盾复杂，斗争激烈，战争接连不断，而当时生产力水平低下，各诸侯国人力、财力、物力都有限，交通运输又极为不便，如每次战争力不从心，费时过长，其耗损必然很大，在那兼并激烈的时代就随时有被他国吞灭的危险，因而，孙子提出了"兵贵胜，不贵久"的用兵原则，主张打胜任裕如的速决战。这一思想，在当时是积极的，即使在今天，亦可资借鉴。但孙子没有进一步从全局与局部、战略与战术上加以区别，更未从战争性质上加以分析，未看到在一定条件下，"久"而"老"其师也是一种必要原则。为了解决战争对人、财、物的不断需求与"远输"的矛盾，孙子提出了"因粮于敌""车杂而乘之""卒善而养之"，从而"胜敌而益强"的策略主张。

原文 孙子曰：凡用兵之法，驰车千驷①，革车千乘②，带甲十万③，千里馈粮④，则内外之费，宾客⑤之用，胶漆⑥之材，车甲之奉⑦，日费千金，然后十万之师举矣。其⑧用战也胜⑨，久则钝兵挫锐⑩，攻城则力屈⑪，久暴⑫师则国用不足。夫钝兵挫锐，屈力殚货⑬，则诸侯乘其弊⑭而起，虽有智者，不能善其后矣⑮。故兵闻拙速，未睹巧之久也⑯。夫兵久而国利者，未之有也。故不尽知用兵之害者，则不能尽知用兵之利也。

注释

①驰车：轻车，为攻战之车，以其"驰敌致师"而称之。驾四马，故以驷为单位。详见蓝永尉《春秋时期的步兵·战车分类》（中华书局1979年版，第66—67页）。

②革车：重车，辎车，或称辁车。驾马或牛，为守车，载粮秣、军械、装具等。详见蓝永尉《春秋时期的步兵·战车分类》（中华书局1979年版，第67页）。乘（shèng）：辆，量词。

③带甲：春秋战国时称武装士卒为"带甲"。因其"擐甲执兵"而言之。李筌曰："带甲，步卒。"带甲十万：我国古代的车战，从西周到春秋有重大发展。初之编制，攻车一乘，甲士步卒二十五人，守车一乘五人，攻守二乘三十人。到春秋时期，已发展到攻车七十五人，守车二十五人，合为百人。且

攻守车相配为一单位。仍称"一乘"，千乘则合十万人。杜牧注引《司马法》云："一车，甲士三人，步卒七十二人，炊家子十人，固守衣装五人，厩养五人，樵汲五人，轻车七十五人，重车二十五人。"其所谓"一车"实际上是攻守之轻重二车。参阅蓝永蔚《春秋时期的步兵·攻车编制》及同书《守车编制》。

④馈粮：运送粮草。

⑤宾客：诸侯国间往来的使节、游说之士。杜牧曰："军有诸侯交聘之礼，故曰宾客也。"张预曰："宾客者，使命与游士也。"

⑥胶漆：修造甲胄弓矢不可或缺之材料。修缮亦必用。张预曰："胶漆者，修饰器械之物也。"

⑦车甲之奉：战车需膏油润滑，甲胄需金革修补，此言千里行军车甲修缮的花费。张预曰："车甲者，膏辖金革之类也。"

⑧其：语气副词，表推断。

⑨胜（shēng）：《说文》："任也。"段玉裁注："凡能举之能克之皆曰胜，本无二音二义，而俗强分平去。"此即谓胜即胜任裕如之意，能胜任裕如，举措必成功、胜利。或曰胜为"速胜"，并存之。

⑩钝兵挫锐：兵器钝坏，锐气受挫。梅尧臣注："兵仗钝弊而军气挫锐。"钝：汉简作"顿"，通。《左传》襄公四年"甲兵

不顿"，《正义》："顿为挫伤折坏也。"

⑪屈：挠，折损，亦可训"竭"。《荀子·王制》："国家足用而财力不屈。""屈"即竭。

⑫暴：读作pù，"曝"之本字，原意为晒米。暴师：陈师于野。

⑬殚：《说文》："尽也。"殚货：物资耗尽。

⑭弊：疲困、困顿。

⑮善其后：妥善地挽回败局或收拾好残局。善，形容词用作使动词。

⑯杨炳安《孙子会笺》："此意盖为：拙固无可贵，然若能使速决，吾宁取之；巧固可贵，然若使战争旷日持久，则吾宁舍之，并非实谓拙可贵而巧可舍也。"

译文

孙子说：根据一般作战常规，出动战车千乘，运输车千辆，统兵十万，沿途千里转运粮草，内外的日常开支，使者往来的费用，修缮武器用的胶漆，战车所需的膏油，修甲所需的金革等等，每日须耗费千金，做好了这些准备后，十万大军才能出动啊！所以，用兵打仗就要做到胜任裕如，举兵必克，否则，长久僵持，兵锋折损，锐气被挫，攻城就力竭，长期陈兵国外则国内资财不足。如果兵锋折损，锐气受挫，兵力耗尽，财政枯竭，那么，其他诸侯国就会趁这个困顿局面举兵进攻，即使睿智高明的人也难以收拾好这个局面。用兵打仗，只听说计谋不足但靠神速取胜的，没有听说有计谋却要拖延战争时日的。战争时间长而对国家有利这种事，从来就没有过。因此，不能全面了解战争害处的人，也就不能真正懂得战争的有利之处。

原文

善用兵者，役①不再籍②，粮不三载③。取用于国，因粮于敌④，故军食可足也。

注释

①役：兵役。

②再：两次。籍：伍籍，这里作动词，指征调。曹操曰："籍，犹赋也。言初赋民便取胜，不复归国发兵也。"杜牧引郑司农《周礼》注曰："役，谓发兵役。籍乃伍籍也。"

③三：与上句"再"互文，为"再三"之意。即言多，并非实指。言兵员粮草一次征集，不可再三。曹操注："始载粮，后遂因粮于敌，还兵入国，不复以粮迎之也。"刘寅《武经七书直解·孙子》："一馈粮而止。"皆善。

④取用于国，因粮于敌：曹操注："兵甲战具，取用国中，粮食因敌也。"十一家古注及流行本多准此。杨炳安《孙子会笺》："'取用'指取自国内之军粮，'因粮'乃得自敌方之军粮。

故下文总之曰'故军食可足也'。"予谓上二说皆未妥。"取用"之"用"当同《计篇》"主用"之"用",统言军需物资,包括兵甲器具与粮草,"取用"之实际亦如此,然"因"于敌者亦不限"粮",何以只言"因粮于敌"。下文又说:"故军食可足",盖孙武乃举其要而言。因大军出境,耗费最大,天天需要且不可或缺的是粮草,武器装备一次备够则使用较久,可以修缮;无奈粮草不然,而军无粮则亡,故特以"粮"言之。后句"故军食可足也"是说明"因粮于敌"之举的巨大意义,解除人们对燃眉之急所持之忧,同时证明"善用兵者""粮不三载"的正确。因:袭也,此为顺便、乘便夺取之意。

译文　善于用兵的人,兵员不再次征调,粮饷不再三转运。各项军用从国内取得后,粮草补给在敌国就地解决,那么,军粮就可满足了。

原文　国之贫于师①者远输②,远输则百姓③贫。近于师者贵卖④,贵卖则百姓财竭⑤,财竭则急于丘役⑥。力屈、财殚,中原内虚于家⑦。百姓之费,十去其七;公家⑧之费,破车罢马⑨,甲胄矢弩,戟楯蔽橹⑩,丘牛大车⑪,十去其六。

注释

①贫于师：各本皆如此，汉简同。俞樾谓应作"远于师"，杨炳安谓当从俞说，予谓当仍以"贫于师"为善。此句分析说明何以"粮不三载"与何以要"因粮于敌"，下句"近于师者"乃言千里行军于境内之沿途，非与此句"远输"之"远"对言。否则，"国之近于师"亦难通。师：军队，此指战争、兴兵。

②远输：长途转运。当时交通不发达，道路不一致，车不同轨，难度极大。

③百姓：姓为上古族号，后以为姓，至奴隶社会以达于西周，只贵族有姓，奴隶无姓，而有姓之贵族皆为官者，故百姓本指百官。《书·尧典》："百姓昭明，万邦协和。"后泛指庶民，春秋末已始，故本文从今义译。

④贵卖：即物价高。

⑤贵卖则百姓财竭：物价高涨，那么百姓财物枯竭。李筌注："夫近军必有货易，百姓徇财殚产，而从之竭也。"十一家古注大同。于鬯以为"百姓"为衍文，恐非。现依各本原句。

⑥财竭则急于丘役：谓百姓财物枯竭则对供出丘役感到危急，疲于奔命。一般注家作国家"急"于增加丘役，似觉主语淆乱，且上下文难通。于氏认为衍文盖本此。"急于丘役"者依然为百姓，主语顺。急者，感到危急、为难也，于是汲汲乎疲于奔命。张预曰："财力殚竭，则丘井之役急迫而不易供也。"近之。丘役：古代按行政单位征收的赋役。据《周礼》

记载：九夫为井，四井为邑，四邑为丘，四丘为甸。从西周

到春秋，军赋不断增加，至春秋时，丘出戎马一匹，牛三头；

甸出战车一乘，马四匹，牛十二头，甲士三人，步卒七十二

人。丘为征收军赋的基层单位，故言丘役。杜牧曰："《司马

法》曰，六尺为步，步百为亩，亩百为夫，夫三为屋，屋三

为井，四井为邑，四邑为丘，四丘为甸，丘盖十六井也。丘

有戎马一匹，牛四头；甸有戎马四匹，牛十六头，丘车一乘，

甲士三人，步卒七十二人。"

⑦中原：泛指国内。虚：空虚，言财物匮乏。

⑧公家：相对"百姓"而言，指国家。

⑨罢（pí）：同"疲"。

⑩戟楯蔽橹：戟，合戈矛为一体的古兵器。楯，盾。蔽橹，

一种主要用于防卫的大型盾牌，以大车轮类巨物蒙以生牛

皮，可屏蔽，故称蔽橹，以区别它种橹。王晳曰："楯，干也。

蔽，可以屏蔽；橹，大楯也。"张预曰："蔽橹，橹也，今谓之

彭排。"

⑪丘牛：丘赋之牛，故言丘牛。一说，丘牛，大牛。

译文　国家由于兴兵而造成贫困的原因是长途运输。长途转
运军需，百姓就会贫困。军队经过的地方物价高涨，
物价上涨就会使百姓财物枯竭，财物枯竭就汲汲于应

付赋役。民力耗尽，财物枯竭，国内家家空虚，百姓的资财耗去了十分之七。国家的资财，战车破损，战马疲病，盔甲、矢弩、矛盾、牛、车之类，耗去了十分之六。

原文　故智将务①食于敌。食敌一钟②，当吾二十钟；萁秆③一石④，当吾二十石。

注释　①务：追求，力争。食：取食。动词。

②钟：古容量单位。每钟六斛四斗，即六十四斗。曹操注："六斛四斗为钟。"《左传》昭公三年"釜十则钟"。杜预注："六斛四斗。"而孟氏曰："十斛为钟。"盖古代各朝量制原不统一。

③萁秆：泛指饲草。萁（qí）：同"其"，豆稭。秆（gǎn）：禾茎。杜牧曰："萁，豆稭也；秆，禾藁也。"

④石（dàn）：古既为容量单位，亦为重量单位。重量单位以一百二十斤为石。《汉书·律历志下》："三十斤为钧，四钧为石。"

译文　因而，高明的将领务求从敌方夺取粮草。就地从敌方夺取粮食一钟，相当于自己从本国运出二十钟；就地夺取敌人饲草一石，相当于自己从本国运出二十石。

原文   故杀敌者，怒也①；取敌之利者，货也②。故车战得车十乘已上③，赏其先得者，而更其旌旗，车杂④而乘之，卒善而养之⑤，是谓胜敌而益强。

注释   ①杀敌者，怒也：梅尧臣注："杀敌则激吾人以怒。"激怒我方军士使之奋勇杀敌。

②取敌之利者，货也：梅尧臣注："取敌则利吾人以货。"对夺取敌人资财者要以实物予以奖励。

③已：同"以"。

④杂：混杂，混编。此句谓将俘获敌战车混编入己车阵中。王晳曰："谓得敌车可与我车杂用之也。"

⑤善：善待。养：收养以使用。此句言对所俘敌兵宜善待并使用。张预曰："所获之卒，必以恩信抚养之，俾为我用。"

译文   激励士卒奋勇杀敌，是使之威怒；鼓励将士夺取敌人资财，要用财物奖励。因此在车战中，凡缴获战车十辆以上的，奖赏那先夺得战车的士卒，并且更换敌战车上的旌旗，将其混合编入自己的车阵之中，对于俘虏，则予优待、抚慰，任用他们作战，这就是所谓战胜敌人而使自己日益强大。

原文 故兵贵胜①,不贵久。

注释 ①胜：此作胜任裕如意。

译文 所以，用兵作战以胜任裕如、举兵必克为贵，不主张力不从心，僵持消耗。

原文 故知兵之将，生民之司命①，国家安危之主也②。

注释 ①生民：泛指民众、百姓。司命：古代传说中掌握生死的星宿。此处借喻为人们命运的掌握者。
②主：主管，主宰。

译文 深知用兵之法的将帅，是民众命运的掌握者，是国家安危的主宰啊！

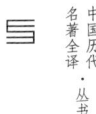

谋攻篇

题解　本篇着重论述谋划进攻的原则。孙子认为"不战而屈人之兵""必以全争于天下",为谋攻的最高原则;主张以优势兵力与敌作战,反对弱小军队的硬拼;指出了慎择良将,充分发挥良将的主动性对于取得战争胜利、维护国家安危的极端重要性;进而从预测胜利的途径归纳出"知己知彼,百战不殆"这一军事科学的至理名言。孙子所谓"百战百胜,非善之善者也;不战而屈人之兵,善之善者也"是极而言之,意在提醒用兵者时刻不忘追求最高的谋攻原则和最好的用兵效果,强调不要一味贪求交兵取胜,以避免或减少战争损失,并非否定"百战百胜",而是要求"百战百胜"的将军们有一副更加精明的头脑。孙子的这一谋攻原则,不但在具备优势兵力的条件下可充分使用,即或处于劣势情况下也可使用。《左传·僖公三十年》烛之武退秦师便是"伐谋""伐交""不战而屈人之兵"的范例。

原文　孙子曰:凡用兵之法,全国为上,破国次之^①,全军^②为上,破军次之;全旅^③为上,破旅次之;全卒^④为上,破卒次之;全伍^⑤为上,破伍次之。是故百战百胜，非善之善者也⑥；不战而屈人之兵，善之善者也⑦。

注释

①全国为上，破国次之：未诉诸兵刃使敌举国屈服是上等用兵策略，经过交战攻破敌国使之降服是次一等用兵策略。曹操注："兴师深入长驱，距其城廓，绝其内外，敌举国来服为上；以兵击破，败而得之，其次也。"全：形容词用作动词，使动用法，意谓"使……全服"。上：上策，即策之上者。

②军：《周礼·地官·小司徒》"五师为军"郑注："军，万二千五百人。"曹操、杜牧注："《司马法》曰：一万二千五百人为军。"

③旅：《说文》："五百人为旅。"曹操曰："五百人为旅。"

④卒：古兵制单位，百人为卒。卒长亦称百夫长。《周礼·地官·小司徒》："五人为伍，五伍为两，四两为卒。"

⑤伍：古代最基本的军制单位，五人为伍。从"军"至"伍"乃择其要泛指军中各种编制单位。西周规定的军制见《周礼·夏官·司马》："凡制军，万有二千五百人为军。王六军，大国三军，次国二军，小国一军。军将皆命卿。二千有五百人为师，师帅皆中大夫。五百人为旅，旅帅皆下大夫。百人为卒，卒长皆上士。二十五人为两，两司马皆中士。五人为伍，伍皆有长。"至春秋时，各诸侯国军制并不全同《周礼》。

⑥百战百胜，非善之善者也：百战百胜固善，然终有杀伤、耗损，故非善之善者。

⑦不战而屈人之兵，善之善者也：未战而使人之兵屈服，既自保又全胜，方为善之至善者。

译文　孙子说：大凡用兵的原则，使敌举国不战而降是上策，击破敌国使之降服是次一等用兵策略；使敌全军不战而降是上策，击破而取胜是次一等用兵策略；使敌全旅不战而降是上策，击破敌旅而取胜是次一等用兵策略；使敌全卒不战而降是上策，击破敌卒使之降服是次一等策略；使敌全伍不战而降是上策，击破敌伍而取胜是次一等策略。因此，百战百胜，并非好的用兵策略中最好的，不交战而使敌屈服，才是用兵策略中最好的。

原文　故上兵①伐谋②，其次③伐交④，其次伐兵⑤，其下攻城⑥。攻城之法为不得已。修橹轒辒⑦，具器械⑧，三月而后成；距闉⑨，又三月而后已。将不胜其忿而蚁附之⑩，杀士三分之一而城不拔者，此攻之灾也。

注释　①上兵：高明的用兵方略。

②伐谋：伐以谋，即以谋伐之。伐，战胜。上兵伐谋：言上等的用兵策略是以谋略取胜，"不战而屈人之兵"。曹操注："敌始有谋，伐之易也。"此释义似未妥。

③其次：次一等。其：指示代词，指代前之"伐谋"。

④伐交：伐以交。以外交途径战胜敌人，散敌之联盟，固己之交与，亦为"不战而屈人之兵"。陈皞、张预等以为"交"谓伐于两军交合，予谓此不能作为一种策略方式提出，况后文《军争篇》有"不知诸侯之谋者，不能豫交"，故"交"以"外交"释为善。

⑤其次伐兵：再次的方略是兴兵以武力征伐争胜于敌人。其，指代"伐交"。伐兵，即诉诸武力。

⑥其下攻城：其中最下等的用兵方略是攻城。其，指示代词，其中。乃统言诸用兵方略。

⑦橹：此为攻城中用以侦察敌城的望楼车，或巢车。望楼车、巢车名异，形制稍有别，而实为一物，春秋时始创。巢车上有用辘轳升降的瞭望台，台上置板屋，旁开十二孔以侦察四方，人在台中如鸟在巢中，故名巢车。望楼车形制更简易，四轮车上竖杆，杆端置板屋。巢、楼、橹之名均对车之望楼（板屋）而言。《左传·成公十六年》："楚子登巢车以望晋军。"杜预注："巢车，车上为橹。巢，《说文》作樔，云兵车高如巢以望敌也。"孔颖达疏："《正义》曰，《说文》云樔，兵高车加

巢以望敌也。橹，泽中守草楼也。是巢与橹均是楼之别名。"
《三国志·魏书·袁绍传》："（袁）绍为高橹，起土山射营中，
营中皆蒙楯，众大惧。太祖乃为发石车，击绍楼，皆破。"按：
前言"高橹"，后言"楼"，实一物，即袁绍之望楼车。孙子
将"橹"与"轒辒"连言，二者均为攻城所用兵车。轒辒（fén
wēn）：古代攻城用的四轮车，用排木制作，外蒙生牛皮，下
可藏十数人，主要用来运土石填城隍（护城沟，有水为池，
无水为隍）。杜牧注："轒辒，四轮车，排大木为之，上蒙以
生牛皮，下可容十人，往来运土填堑，木石所不能伤，今俗
所谓木驴是也。"李筌曰："轒辒者，四轮车也。其下藏兵十数
人，填隍推之，直就其城，木石所不能坏也。"

⑧具器械：置备攻城的各种器用、械具。具：修置，准备。
上句举其要，该句统言之。

⑨距闉（yīn）：为攻城而堆积的向敌城推进的土丘，用来观
察敌情，攻击守城之敌，既可于其上施放火器，又便于登城，
是古代攻城必修之工事。杜佑："距闉者，踊土积高而前，以
附于城也。积土为山曰堙，以距敌城，观其虚实。"闉，通
"堙"。

⑩蚁附：众士兵攀墙登城称为蚁附。蚁：名词用如状语，意
为"如蚁一样……"。

译文 因而，最好的用兵策略是以谋略胜敌，其次是以外交手段胜敌，再其次是通过野战交兵胜敌，最下等的是攻城。攻城是在不得已的情况下才采取的（办法）。为了攻城，修造望楼车、辊辒车，准备各种攻城器械，三个月才能完成；堆积攻城的土丘，又需三个月才能完成。这时，将帅们已焦躁忿怒异常了，驱赶着士兵像蚂蚁一样去爬城，士卒伤亡三分之一而城还不能攻下，这便是攻城的灾害啊！

原文 故善用兵者，屈人之兵而非战也，拔人之城而非攻也，毁人之国而非久也，必以全①争于天下。故兵不顿②而利可全，此谋攻之法也。

注释 ①全：同"全国为上"之"全"，即"使敌全服"的原则。
②兵不顿：兵刃不钝，兵锋未损。以喻战斗力未损，士气未挫。顿：通"钝"。《史记·贾谊传》"莫邪为顿兮"作"顿"，而《文选·吊屈原赋》此句则作"钝"。

译文 因此，善于用兵的人，使敌军屈服前不用野战交兵的办法，夺取敌城不用蚁附攻城的办法，消灭敌国而不采用长久用兵的办法。一定本着不诉诸兵刃就使敌完整地屈服的原则争横天下，做到军队不受挫而胜利可全得，这便是谋攻的原则。

译文　故用兵之法，十则围之①，五则攻之，倍则分之，敌则能战之②，少则能逃③之，不若则能避之。故小敌之坚，大敌之擒也④。

注释　①此句"十"与下几句"五""倍""敌""少""不若"，皆言我与敌较，我所处的力量地位。"十"即十倍于敌。此言绝对优势，非一定为实数之十倍。"围""攻""分""战""逃""避"，乃据一定的敌我情势采取的相应对策。
②倍则分之，敌则能战之：倍，比敌人多一倍。敌，匹敌。言有多一倍于敌之力量则可分割敌人而消灭之，双方势力大体均等则可以抗击。杨炳安《孙子会笺》谓当为"倍则战之，敌则能分之"，且"能"训"乃"。按：此说有一定道理。然"分"与"战"字形字音相去甚远，一般不会误写；两句相连，字数不多，一般也无错简可能。故孙子原文当本如此。"战"以上几句均言战，"战"以下两句言不战，此句与上下文联系起来就是"战"与"不战"的分界线。看是"匹"之上还是"匹"之下。"匹"之上则采取"围""攻""分"之法；"匹"之下则"逃之""避之"；"匹"则可与战，然非必战，此为"战"之

最起码条件。"能"者，非必也，只是"勉强可以"之谓。或谓，这不违反了孙子一贯主张的集中优势兵力以歼灭敌人的原则？其实不然。"少""不若"不战，"倍"以上直不待言，均符合这个原则。然而，在冷兵器时代，在相互匹敌时，并非在所有条件下都可分，且在许多条件下"分"后亦为"匹"，在此种条件下，是处于可战可不战之间，须相机而行。若必须交战，"匹敌"是最起码的必要条件，能匹敌，经努力还可能战胜敌人，至少不至大败。后几句之所以加"能"，自是不"必"。因为若有天时、地利或人谋的绝对优越的条件何以"必""逃之""避之"？此各句均就一般条件下依力量从原则上言之。因而，"敌则能战之"并不违反孙子以绝对优势兵力歼敌的原则。

③逃：与下文"避"异文同义，指主动地采取不与敌争锋的办法，并非消极地逃跑。

④小敌之坚，大敌之擒也：言只知固执硬拼的小敌，必为大敌所擒。之，训"若"。坚：固执，顽固，非指坚实，其感情色彩非褒。后"之"训"则"，即小敌若坚，大敌则擒矣。两"敌"字，指对抗双方。

译文 根据用兵规律，有十倍于敌人的兵力就包围歼灭敌人，有五倍于敌人的兵力就猛烈进攻敌人，有多一倍

于敌人的兵力就分割消灭敌人，有与敌相当的兵力则
可以抗击，比敌人兵力少时能够摆脱敌人，不如敌人
兵力强大就避免与敌争锋。小股兵力如果顽固硬拼，
就会被强大的对方俘获。

原文

夫将者，国之辅也①。辅周②，则国必强；辅隙③，则
国必弱。

注释

①国之辅：国君的辅佐。李筌曰："辅，犹助也。"

②周：密也，圆满之谓。此言将之德才兼备，辅助国君周到
备至。

③隙：缺也，疏漏之谓。此言将领佐君不周，有疏漏。

译文

将帅，是国君的辅佐。辅佐得周密，国家就强盛；辅
佐有疏漏，国家必然衰弱。

原文

故君之所以患①于军者三：不知军之不可以进而谓之
进②，不知军之不可以退而谓之退，是谓"縻军"③；
不知三军之事，而同三军之政者④，则军士惑矣；不
知三军之权⑤，而同三军之任⑥，则军士疑矣。三军
既惑且疑，则诸侯之难⑦至矣，是谓"乱军引胜"⑧。

注释

①患：作动词，为患、贻害。

②谓之进：使之进，命令他们前进。

③縻军：《新注》谓"束缚军队，使军队不能根据情况相机而动。縻（mí），羁縻，束缚。"得之。

④不知三军之事：三军，此泛言军队。《通典》作"军中"。同：共也。这里指参与、干涉。政：政事，指军中行政事务。曹操注："军容不入国，国容不入军，礼不可以治兵也。"梅尧臣注："不知治军之务而参其政，则众惑乱也。曹公引《司马法》曰'军容不入国，国容不入军'是也。"

⑤权：权变，权谋。不知三军之权：言不通于作战权谋之道。

⑥任：职任，即指挥。梅尧臣注："不知权谋之道，而参其任用，其众疑贰也。"王晳曰："使不和者同之，则动有违异，必相牵制也，则军众疑惑矣。"

⑦诸侯之难：诸侯国乘其军士疑惑，起而攻之的灾难。

⑧乱军：自乱其军。引胜：失去胜利。引：（被）夺走，丧失。曹操注："引，夺也。"《说文》："夺，手持佳失之也。"

译文

君主对军队造成危害的情况有三个方面：不懂得军队不可以前进而命令他们前进，不懂得军队不可以后退而命令他们后退，这叫束缚、羁縻军队；不懂军中事务却干涉军中行政管理，那么，军士就会迷惑；不知军中权谋之变而参与军队指挥，那么将士就会疑虑。如果三军将士既迷惑又疑虑，诸侯乘机起而攻之的灾难就到来了。这就叫自乱其军而丧失了胜利。

原文　故知胜①有五：知可以战与不可以战者胜，识众寡之用者②胜，上下同欲③者胜，以虞④待不虞者胜，将能而君不御⑤者胜。此五者，知胜之道也。

注释　①知胜：预测胜利。

②识众寡之用：懂得众与寡的灵活运用。众寡之用，即用众、用寡，古兵法术语，犹今之指挥大兵团与指挥小分队。张预曰："用兵之法，有以少而胜众者，有以多而胜寡者，在乎度其所而不失其宜则善。如吴子所谓用众者务易，用少者务隘是也。"得之。

③上下同欲：上下一心，犹"民与上同意"。欲：欲望。张预曰："百将一心，三军同力。"

④虞：度也，备也。《尔雅·释言》："虞，度也。"《国语·晋语四》："卫文公有邢、翟之虞，不能礼焉。"韦注："虞，备也。"

⑤御：《新注》："驾御，这里指牵制、干预的意思。"是。君不御：言君主不得牵制、干预。《淮南子·兵略训》："古者，将

已受斧钺，答君曰：国不可从外治，军不可从中御也。"梅尧臣注："自阃以外，将军制之。"《六韬·立将》："武王问太公曰：立将之道奈何？太公曰……君亲操钺，持首，授将其柄，曰：从此上至天者，将军制之。复操斧，持柄，授将其刃，曰：从此下至渊者，将军制之……将已受命，拜而报君曰：臣闻国不可从外治，军不可从中御。二心不可以事君，疑志不可以应敌。臣既受命，专斧钺之威，臣不敢生还，愿君亦垂一言之命于臣。"《淮南子》所引、梅注均本于《六韬》，孙子"将能而君不御""君命有所不受"的思想亦源于此。

译文 预测胜负有五条：懂得什么条件下可以战，什么条件下不可以战的，胜；懂得众与寡的灵活运用的，胜；上下一心，同仇敌忾的，胜；以有准备之师击无准备之敌的，胜；将领富于才能而君主又不从中干预牵制的，胜。这五条就是预知胜负的途径。

原文 故曰：知彼知己者，百战不殆①；不知彼而知己，一胜一负②；不知彼，不知己，每战必殆。

注释 ①知彼知己者，百战不殆：这是孙子千古名言之一，为古今中外军事家、政治家所传诵并实践。殆：危险。《尔雅·释

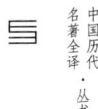

诂》："殆，危也。"

②一胜一负：杜佑曰："胜负各半。"是。

译文　　因此，可以说：了解对方也了解自己的，百战不败；不了解对方而了解自己的，胜负各半；不了解对方，也不了解自己的，每战必败。

形篇①

题解　本篇论述了有关军事实力"形"的一系列论题。首先，作者主张"先为不可胜，以待敌之可胜""胜兵先胜而后求战"，主张争取胜利要建立在自己实力强大、不可战胜的基础上，打有准备、有把握之仗。第二，论述了战争中的"隐形"问题。孙子认为，战争要靠强大的军事实力，但为了更有效地打击敌人，又需要隐蔽自己的实力，使敌人茫然而产生错觉。所以善守者要使敌人无形可窥，不知何所攻；善攻者要使敌人措手不及，不知何所拒，这样才能"自保而全胜"。第三，孙子主张以绝对优势之"形"胜敌于未萌，胜敌于易胜，胜敌于必然。用兵则必胜任裕如，举兵必克，而不主张打艰苦持久、胜负未卜的消耗战。这些观点，在今天仍是值得借鉴的。

注释　①形：是《孙子兵法》中一个极为重要的概念。它含有军队形制、规模、实力等意思。这个概念是春秋时期"形名"说在军事上的应用，已成为古代兵法的术语。

原文　孙子曰：昔之善战者，先为不可胜①，以待敌之可胜②。

不可胜在己，可胜在敌③。故善战者，能为不可胜④，不能使敌之可胜⑤。故曰：胜可知，而不可为⑥。

注释

①不可胜：不可战胜。言有充分条件和实力，敌绝不可能战胜我。王皙曰："不可胜者，修道保法也。"使自己立于不败之地。

②可胜：可以战胜，言敌人可以被我战胜。以下"不可胜""可胜"均为此特定含义。

③不可胜在己，可胜在敌：杨炳安《孙子会笺》曰："言创造不可被敌战胜之条件，乃属于我方主观努力之事；然敌方是否具有可能被我战胜之条件，则非我主观意愿所决定，因敌亦力争'不可胜'，故'可胜'乃属敌方之事。"善。

④能为不可胜：能造成自己不可被敌战胜的条件。

⑤不能使敌之可胜：一作"不能使敌之必可胜"（如《武经七书本》）。可从。贾林曰："敌有智谋，深为己备，不能强令不己备。"梅尧臣曰："在己故能为，在敌故无必。"皆善。此言我不能强令敌人一定具有可能被我战胜之条件，所以如此者，敌亦力争"不可胜"故也。

⑥胜可知，而不可为：言胜利是可以预测的，但不可凭主观愿望强求。为：这里指客观条件不成熟时——敌未出现"可胜"之机——单凭主观愿望去强求。梅尧臣曰："敌有缺，

则可知；敌无缺，则不可为。"善。

译文 孙子说：古代善于指挥作战的人，总是先创造条件使自己处于不可战胜的地位，然后等待敌人能被自己战胜的时机。做到不可战胜，关键在于自己创造充分的条件；可以战胜敌人，关键在于敌人出现可乘之隙。因而，善于作战的人，能做到自己不可战胜，不能使敌人一定被我战胜。所以说，胜利可以预测，但不可强求。

原文 不可胜者，守也①；可胜者，攻也②。守则不足，攻则有余③。善守者，藏于九地之下；善攻者，动于九天之上④，故能自保而全胜也⑤。

注释 ①不可胜者，守也：有了不可战胜的条件，就可以守了，这时才守之必固。言下之意，未做到"不可胜"还不能"守"，更毋言"攻"，攻之前要"先为不可胜"。此句《新注》作："当我不可能战胜敌人时，应进行防守。"改变了"不可胜"的概念内涵。杨炳安《孙子会笺》云："前已言'先为不可胜''能为不可胜'，均指我不可被敌战胜之条件，而此'不可胜'则又指我不可胜敌，何反复若是耶？故此句之'不可胜'其义仍当同前，均指我不可被敌战胜之条件。"又，《武经七书注译》作："不会被敌人战胜的原因是做好了防守的准备。"吴如嵩《浅说》作："不被敌人战胜，就要采取防御。"郭化若《孙子今译》作："使敌不能胜我，这是属于防守方面的事。"并存之。

②可胜者，攻也：言敌人若有可能被我战胜之条件，则进攻之。

③守则不足，攻则有余：此句汉简作"守则有余，攻则不足"，且汉人言兵法者多言攻不足守有余，与汉简本一致。《汉书·赵充国传》："臣闻兵法，攻不足者守有余。"《后汉书·冯异传》："夫攻者不足，守者有余。"又《潜夫论·救边》："攻常不足而守恒有余也。"又明茅元仪《武备志》："约束已定，需备已具，随其所攻，应之裕如。以此待敌，所谓有余于守也。先哲成法不可废矣。"循孙子上下文意，"先为不可胜""不可胜者，守也"，"守"几为"不可胜"的同义语，"不可胜"是"攻"的我方前提条件，只有在不可战胜、力有裕如的情况下，方能待敌一出现"可胜"之隙便立即进攻。"不可胜在己，可胜在敌"，一个针对自己的条件讲，一个针对敌方条件讲，换言之，守在己，攻在敌。故以"守则有余，攻则不足"为善。本句意谓：守，应做到不可战胜，力有裕余；攻，要针对敌方不足，举兵必克。

④九地、九天：古人常以三、六、九极言其多，九尤其用来表数之极限。九地，即极深的地下；九天，即极高的天空。善守者藏于九地之下：言善守者深秘隐蔽，使人无形可窥，仿佛藏于极深的地底。善攻者，动于九天之上：言善于进攻的人攻其无备，使敌方觉得神兵天将，迅雷不及掩耳，不知攻者从何而来。杜牧曰："守者，韬声灭迹，幽比鬼神，在于地下，不可得而见之；攻者，势迅声烈，疾若雷电，如来天上，不可得而备也。九者，高、深数之极。"梅尧臣曰："九地言深不可知，九天言高不可测，盖守备密而攻取迅也。"张预曰："藏于九地之下，喻幽而不可知也；动于九天之上，喻来而不可备也。"皆善。

⑤自保而全胜：保全自己又能获取完全的胜利。能"先为不可胜"，故能自保，又秘于地、邃于天，攻其无备，故能全胜。

译文　有了不可战胜的条件，就可以守；敌方出现了可胜之隙，就可以攻。守，应依靠自己不可战胜，力有裕如；攻，要针对敌方弱点、不足，举兵必克。善于防守的人，如同深藏于地底，使敌人无形可窥；善于进攻的人，如同神兵自九天而降，使敌措手不及。因而，既能有效地保全自己，又能获取全面的胜利。

原文 见胜不过众人之所知，非善之善者也①；战胜而天下曰善，非善之善者也②。故举秋毫③不为多力，见日月不为明目，闻雷霆不为聪耳。古之所谓善战者，胜于易胜者也④。故善战者之胜也，无智名，无勇功⑤。故其战胜不忒⑥，不忒者，其所措必胜，胜已败者也⑦。故善战者，立于不败之地，而不失敌之败也⑧。是故胜兵先胜而后求战，败兵先战而后求胜。善用兵者，修道而保法，故能为胜败之政⑨。

注释 ①见胜不过众人之所知，非善之善者也：预见胜负不高出众人的水平，不算是高明者。见、知二字互文，均为预见、预知之意。

②战胜而天下曰善，非善之善者也：力战而胜之，天下人都说好，不算好中最好的。因为诉诸兵刃，浴血而胜，天下才曰善，既未见微察隐，取胜于无形，又未"不战而屈人之兵"，故曰"非善之善者也"。曹操注："交争胜也。太公曰，争胜于白刃之口，非良将也。"李筌曰："争锋力战，天下易见，故非善也。"王皙曰："以谋屈人则善矣。"张预曰："若见微察隐，取胜于无形，则真善者也。"皆是。

③秋毫：兽类于秋天新长出的极纤细的毛，用以喻极轻细之物。毫：毛。

④胜于易胜者也：胜于敌势未张之时，胜于业已处于失败地位之敌，此用力微而取胜全。杜牧曰："敌人之谋，初有萌兆，我则潜运以攻之，用力既少，制胜既微，故曰易胜也。"张预曰："交锋接刃而后能制敌者，是其胜难也。见微察隐而破于未形者，是其胜易也。故善战者常攻其易胜，而不攻其难胜也。"

⑤无智名，无勇功：见微察隐，胜敌于易胜，众不能知，故大智者反无智名；胜敌于易胜，胜敌于敌势未张，自保而全胜者因用力微，众不能知，反无勇功。曹操曰："敌兵形未成，胜之无赫赫之功也。"李筌曰："胜敌而天下不知，何智名之有？"杜牧曰："胜于未萌，天下不知，故无智名；曾不血刃，敌国已服，故无勇功也。"皆善。

⑥忒（tè）：汉简作"贷"，古二字通。忒：差。不忒：不差。

⑦胜已败者也：胜那已处于失败地位的敌人。梅尧臣曰："睹其可败，胜则不差。"

⑧不失敌之败也：不放过任何一个可打败敌人的时机。王晳曰："常为不可胜，待敌可胜，不失其机。"是。

⑨道：政治。《计篇》："道者，令民与上同意也。"法：用兵之原则、法度。故能为胜败之政：汉简作"故能为胜败正"。其用法与《管子·水地》"龟生于水，发之于火，于是为万物先，为祸福正。"及《老子》"清净为天下正"用法相同。古人多

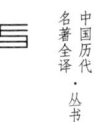

假"正"为"政",《汉书·陆贾传》:"秦失其正。"即"秦失其政"。杨炳安曰:"'胜败之政'即言胜败之主,实指胜败之主动权。""正"为"主""权威"之意,"能为胜败之政"即言能操胜券。

译文　预见胜利不超过一般人的见识,不算高明中最高明的;经过力战而胜,天下人都说好,也不算好中最好的。就像举起秋毫不算力大,看见太阳、月亮不算眼明,听见雷霆不算耳聪一样。古代善战的人,总是取胜于容易战胜的敌人。因而,这些善战者的胜利,既没有智谋的名声,也没有勇武的功劳。他所进行的战争的胜利是不会有丝毫误差的,之所以没有误差,是因为他们所进行的战斗举动是必胜的,是战胜那已处于失败地位的敌人。因此,善于作战的人,总是自己先立于不败之地,而不放过任何一个打败敌人的时机。因此,胜利之师是先具备必胜条件然后再去交战,失败之师总是先同敌人交战,然后期求从苦战中侥幸取胜。善于用兵的人,总是注意修明政治,确保治军法度,所以能成为战争胜负的主宰。

原文　兵法:一曰度①,二曰量②,三曰数③,四曰称④,五曰胜⑤。地生度，度生量，量生数，数生称，称生胜⑥。故胜兵若以镒称铢⑦，败兵若以铢称镒。胜者之战民也⑧，若决积水于千仞⑨之谿者⑩，形也。

注释

①度：《礼·明堂位》："度为丈尺、高卑、广狭也。"贾林曰："度，土地也。"王皙曰："丈尺也。"此言土地幅员。

②量：《汉书·律历志》："量者，龠、合、升、斗、斛也，所以量多少也。"贾林曰："人力多少，仓廪虚实。"王皙曰："斗斛也。"此言物资多少。

③数：犹"气数""计数"之数，此处指部队的战斗力素质。《管子·七法》："刚柔也，轻重也，大小也，实虚也，多少也，谓之计数。"贾林曰："算数也。以数推之，则众寡可知，虚实可见。"王皙曰："百千也。"此言部队战斗实力的强弱、兵员的众寡。

④称：《楚辞·惜誓》"苦称量之不审兮"注："称所以知轻重。"贾林曰："既知众寡，兼知彼我之德业轻重，才能之长短。"王皙曰："权衡也。"此言敌我双方实力的对比。

⑤胜：指胜负优劣的情实。曹操曰："胜败之政，用兵之法，当以此五事称量，知敌之情。"

⑥本篇谈军事实力之"形"，主张以强大之"形"胜弱小之"形"。形产生于军赋，军赋产生于国家土地之广狭、物资之

多少等，用兵者不能不从一个国家的军事实力这几个方面分析军队之"形"，又《新注》分别注为"忖度、判断""战场容量""兵力数量""权衡""胜负"。郭化若与《武经七书注释》认为：度为计算国土面积，量为面积的大小，数为具体数目，称为双方力量优劣。吴如嵩、陶汉章同《新注》，并存之。

⑦铢：古代计量单位，二十四铢为一两。镒：古代计量单位，二十四两为一镒，合五百七十六铢。以镒称铢或以铢称镒皆喻兵力轻重众寡之对比的悬殊。

⑧战民：《尉缭子·战威》："夫将之所以战者，民也。"此言统帅指挥部众与作战。

⑨仞：古代计量单位。一仞为八尺，一说七尺。

⑩谿：《集韵》："山筴无所道，或从水。"《尔雅·释山》："山筴无所通，谿。"《左传·隐公三年》"涧谿沼沚之毛"注："谿，亦涧也。"此句言于千仞之谿决积水，以喻兵之形。杜牧曰："夫积水在千仞之谿，不可测量，如我之守不见形也。及决水下，湍悍奔注，如我之攻不可御也。"梅尧臣曰："水决千仞之谿，莫测其迅；兵动九天之上，莫见其迹。此军之形也。"

译文　用兵必须注意：一是土地幅员，二是军赋物资，三是部队兵员战斗实力，四是双方力量对比，五是胜负优劣。度产生于土地幅员的广狭，土地幅员决定军赋物资的多少，军赋物资的多少决定兵员的数量，兵员数量决定部队的战斗力，部队的战斗力决定胜负优劣。所以胜利之师如同以镒对铢，是以强大的军事实力取胜于弱小的敌方；败亡之师如同以铢对镒，是以弱小的军事实力对抗强大的敌方。高明的人指挥部队作战，就像决开千仞之高的山涧积水一样，一泻万丈，这就是强大的军事实力啊！

势篇

题解　本篇是孙子军事指挥理论的精华。《吕氏春秋·慎势》说"孙膑贵势"，兵法上"势"的思想建立者是孙子。孙子所谓的"势"，就是指挥员在充分运用已有客观条件的基础上，最大限度地发挥主观能动性，巧出奇正，巧用虚实，出敌不意，最终造成一种对敌要害部位具有致命威慑力量的险峻的战争态势，这一过程为造势；在"势"形成的最佳时刻，发起攻击，即任势。任势之机，孙子称之为"节"。"节"为任势之关键，有"势"无"节"，"势"必白费。孙子认为，作为指挥员，追求战争胜利应"求之于势，不责于人"，把"势"提到了指挥艺术的最高峰。

原文　孙子曰：凡治众如治寡①，分数是也②；斗众如斗寡③，形名是也④；三军之众⑤，可使必受敌而无败者⑥，奇正是也⑦；兵之所加⑧，如以碫投卵者⑨，虚实⑩是也。

注释　①治：治理，这里指治理军队。众：大部队。寡：小部队。此句言治理大部队与治理小部队的基本原理一样。《吴子·论将》："理者，治众如治寡。"

②分（fèn）数：军队的编制与员额。曹操注："部曲为分，什伍为数。"分数是也：犹言抓住编制、员额有异这个特点就行了。

③斗众：指挥大部队战斗。斗寡：指挥小部队战斗。

④形名：军队形制规模与名称。《尉缭子·制谈》："凡兵制必先定。制先定则士不乱，士不乱则刑（形）乃明。"《孙膑兵法·奇正》："分定则有刑（形）矣，刑（形）定则有名"，"有刑（形）之徒，莫不可名；有名之徒，莫不可胜。"又曹操注："旌旗曰形，金鼓曰名。"后人多从其说，未知其据。按：上"治众""斗众"二分句参互为文，言治众、斗众如治寡、斗寡，基本原理一样，抓住编制规模名称与员额之数不同这个特点灵活处置就行了。治众、斗众，治寡、斗寡，分数、形名皆互文。

⑤三军之众：三军之部众。

⑥必受敌而无败：必立于受敌而不败的地位。

⑦奇（jī）正：是古代兵法中最基本、最常见、极重要的一组对立统一的概念，是古代兵法常用术语，它广泛应用于谋略、战法等各个领域。一般说来，一般的、常规的为正，特殊的、变化的为奇；战术上先出为正，后出为奇；正面为正，侧击为奇；明战为正，暗袭为奇。一言以蔽之，在人意料之中为正，出人意料之外为奇，能出人意料，便是用奇。《孙膑

兵法·奇正》："奇发而为正，其未发者，奇也。"故奇的根本特点是出敌不意，敌不知觉，待其知觉时为时已晚。然在实际运用中常以奇为正，以正为奇，变化莫测，故后文云"奇正相生"。《唐太宗李卫公问对》卷上："太宗曰：'吾之正，使敌视以为奇；吾之奇，使敌视以为正。斯所谓形人者欤？以奇为正，以正为奇，变化莫测，斯所谓无形者欤？'"

⑧兵之所加：犹言兵之所指，兵之所向。

⑨碫（duàn）：磨刀石，此泛指坚硬石块。以碫投卵：以石击卵，喻绝对优势对劣势，喻以坚击脆，以实击虚。

⑩虚实：古代兵法中常用术语，与"奇正"一样为古代兵学中辩证的哲学概念。主要用来指军事实力的两个方面，如强弱、众寡、劳逸、真伪、有余不足等。同样，在实际运用中，兵行诡道，实者虚之，虚者实之，虚虚实实，使敌莫知所向，然后以实击虚。

译文

孙子说：大凡治理大部队与治理小分队原理是一样的，抓住编制员额有异这个特点就行了；指挥大部队战斗与指挥小分队战斗基本原理是一样的，掌握部队建制规模及其相应的指挥号令这个特点就行了。统帅三军兵士，能让他们一定立于受敌而不败的地位的话，就在于巧妙地运用奇兵、正兵；军队所指之处，像以石击卵一样，就在于灵活运用虚实，以实击虚。

原文

凡战者，以正合，以奇胜①。故善出奇者，无穷如天地，不竭如江河②。终而复始，日月是也③；死而复生，四时是也④。声不过五⑤，五声之变，不可胜听⑥也；色不过五⑦，五色之变，不可胜观也；味不过五⑧，五味之变，不可胜尝也；战势⑨不过奇正，奇正之变，不可胜穷⑩也。奇正相生⑪，如循环之无端⑫，孰能穷之？

注释

①以正合，以奇胜：以正兵交合，以奇兵取胜。此言取胜的根本在于用奇。

②善出奇者，无穷如天地，不竭如江河：善于出敌不意的人，他的"奇"是无穷如天地万物之变化，不竭如滔滔江河之不绝。张预曰："言应变出奇，无有穷竭。"

③终而复始，日月是也：言日月运行，入而复出。终：日、月之落。始：始出，始现。

④死而复生，四时是也：此言四季更替。死：指时令过去了。生：指时令又来了。

⑤声不过五：古代音阶五个：宫、商、角、徵（zhǐ）、羽，合称为五声，或称五音。其中宫、徵有变宫、变徵，实际上

与现代简谱七个音阶基本相同。

⑥胜：尽。听：赏听，欣赏。

⑦色不过五：古代原色五种，指青、黄、赤、白、黑。亦称为正色，其余为间色。

⑧味不过五：古代味分酸、甜、苦、辣、咸五种，以此五味为原味。

⑨战势：此指作战方式与兵力部署形式。势：此为形式、方式。

⑩不可胜穷：乃穷之不尽，犹言无穷无尽。

⑪奇正相生：指奇正相互转化，灵活运用。奇可为正，正可为奇；欲用奇，示敌以正；欲用正，示敌以奇；在一定条件下为正的（如某常规方法），在另一条件下为奇（如敌人以为不会使用）。均属"相生"。

⑫如循环之无端：像顺着圆环旋转那样没有尽头，以喻无穷无尽。端：尽头。

译文 大凡作战，以正兵交合，以奇兵取胜，善于出奇制胜的人，他的妙法是丰富多彩、层出不穷的，就像天地万物的变化无穷，就像江河流水的奔腾不息。周而复始，日月运行就是这样；去了又来，四季更替就是这样。音阶不过五个，但五个音阶融合演奏的音乐却是

赏听不尽的；原色不过五种，但五种颜色调和绘成的
画图之美是观赏不完的；原味不过五种，但五味调配
的滋味却是品尝不尽的；作战的基本方式，不外乎奇
正两种，但奇正的变化运用却是无穷无尽的。奇与正
相互转化，就像顺着圆环旋转一样没有尽头，有谁能
穷尽它呢？

原文 激水之疾，至于漂石者，势也①；鸷鸟之疾，至于毁
折者，节也②。是故善战者，其势险，其节短③。势
如彍弩④，节如发机⑤。

注释 ①此句谓湍急的流水疾速奔泻，以至于冲走石头，这便是势。
作者未对"势"下定义，而是以常见的自然物象做比喻，它
说明了势的重要特点之一：具有不可遏止的攻击力，俗所谓
"势不可当"是也。漂：训"荡"，摇荡、冲走之意。《文选·长
杨赋》"漂昆仑"李善注："漂，摇荡也。"张预注："激之疾流，
则其势可以转巨石也。"亦可。
②上句喻"势"，本句喻"节"，是从不同的角度为不同概念
设喻。李筌注："弹射之所以中飞鸟者，善于疾而有节制。"
善，它注多谓"鸷能搏物，能节其远近"，失之。按：此言疾
飞鸷鸟是快速活动目标，是不易击中的，可供击发的时机是

短暂的，而之所以被击中毁折，是准确掌握了击发之机，以喻任势之机必须掌握准确。兵无常势，犹鸷鸟疾飞，在势形成的最佳时刻必须发起攻击，这一时机便是节。击打活动目标，准确击发的时刻是稍纵即逝的，时不我待，故下文言其节短，此短是指可供选择的时间短促，并非指程途短促。

③险：险峻，言力量对比悬殊。短：短促。

④弩弩：张满待发之弓弩。此句喻势的又一特点：具有绝对强大的致命的杀伤力。

⑤节如发机：言"节"如扣动之机关，一触即发。"节"掌握准确了，势即能发挥巨大作用。《说文》："主发之为机。"即击发之部件为机。此两句言势为张满之弩，节即为击发弩之机件——弩牙，均以具体事物喻抽象概念。

译文 湍急的流水疾速奔泻，以至于能冲走石头，这便是势；鸷鸟疾飞，竟至于毁折，这是击发节奏掌握得准确。因而，善于作战的人，他所造成的态势是险峻的，他发动攻势的节奏是短促的。势就像张满待发的弓弩，节就是触发的弩机。

原文 纷纷纭纭，斗乱①而不可乱②也；浑浑沌沌，形圆而不可败也③。乱生于治④，怯生于勇⑤，弱生于强⑥。

治乱，数也⑦；勇怯，势也⑧；强弱，形也⑨。故善动敌者，形之⑩，敌必从之⑪；予之，敌必取之⑫。以利动之，以卒待之⑬。

注释

①斗乱：斗于乱，言在乱中指挥战斗。

②不可乱：指挥若定，行阵不可乱。

③浑浑沌沌：古代认为天地形状如鸟卵，天包地犹卵包黄，而称天地形成前的元气状态为浑沌，此重言之为浑浑沌沌，形容结为圆阵战斗时的混战状态。形圆：行阵形制为圆形，即圆阵。圆阵首尾相连，四面外向，旋转应敌，是利于坚守，难以战败的军阵。六花阵即为圆阵的一种。形圆而不可败：结为圆阵便不可战败。

④此以下三句对战阵双方而言。治乱、勇怯、强弱皆以双方相对而言，是相比较而存在的。乱生于治：意谓战场上甲方比乙方更"治"的话，乙方便显得乱，且因而愈来愈乱。这就是说一方的"乱"是由对方的"治"所产生。

⑤怯生于勇：一方的怯懦是由对方的勇武产生。

⑥弱生于强：一方的"弱"是由对方的"强"产生。

⑦此以下三句言战场上呈现的治乱、勇怯、强弱的共同内在决定因素。治乱，数也：言或治或乱是由各自的部队素质决定的，素质不同"治"之程度不同，相比较则一治一乱。贾

林曰："治乱之分，各有度数。"善。治，严整。乱，混乱。
数，同《形篇》"兵法：一曰度，二曰量，三曰数"之数。

⑧勇怯，势也：勇怯是由"势"决定的。处于"驭弩"的地位
必然勇，即或怯者也勇三分；处于"驭弩"之下的地位必然怯，
即或勇者也怯三分。李筌注："夫兵得其势则怯者勇，失其势
则勇者怯。"得之。

⑨强弱，形也：强弱，是由各自军事实力表现出来的。

⑩形之：示之以形。这里指给敌人以假象。

⑪从之：跟着采取相应措施。此言既然战场表现反映着部队
的情况、素质，那么高明的指挥员就会故意在战争中示人以
假象，使对方随着这个假象做出错误的举动。

⑫予之，敌必取之：给予敌人以利益，敌人一定来取。

⑬以卒待之：杜牧曰："以利动敌，敌既从我，则严兵以待
之。"梅尧臣曰："则以精卒待之。"一或作"以本待之"，如
《武经七书·孙子》。

译文   人马攒动，纷纷纭纭，在混战中指挥战斗一定不可使
行阵混乱；浑浑沌沌，结为圆阵就不会战败。战场
上，一方的混乱产生于对方的严整；一方的怯懦产生
于对方的勇敢；一方的弱小产生于对方的强大。或严
整或混乱，是由各自部队素质决定的；或勇或怯，是

由各自所处态势决定的；或强或弱，是由各自的军队实力表现出的。因而，善于调动敌人的高明的指挥员，就善于故意给对方以假的表象，敌人就会根据这个假象做出相应的错误举动；给敌人一点利益，敌人就一定来取。以小利来调动敌人，以严整的伏兵来等待敌人进入圈套。

原文

故善战者，求之于势，不责于人①，故能择人而任势②。任势者，其战人也③，如转木石。木石之性，安④则静，危⑤则动，方则止，圆则行。故善战人之势，如转圆石于千仞之山者，势也⑥。

注释

①不责于人：不苛求部下。《说文》："责，求也。"

②择人而任势：《新注》："择，选择；任，任用、利用。这句是说，挑选合适人才，充分利用形势。"或曰，择，释、舍也。与"求之于势，不责于人"语意一致，并存之。按《新注》"充分利用形势"未妥，孙子之"势"不能以"形势"代，尤其是用现代汉语。

③战人：同《形篇》之"战民"，言统率士兵与敌作战。

④安：平地。

⑤危：高峭之地。

⑥杨炳安《孙子会笺》:"此句,《菁华录》作'故善战人之势,如转圆石于千仞之山;转圆石于千仞之山者,势也',并肯定原文无迭句,'当系脱文无疑',且责孙校'于此不补正而仍之,亦太疏略矣'。查上篇末句句式与此全同。按:迭句固善,唯古人行文简略,语法逻辑亦未必全合现代要求,意犹未尽,须于言外补之,明其真义之所在即可,非不得已,似不必轻易改动原文。"甚当。迭句于文意大善,然不必改动原文,理解自是如之。

译文 因此,高明的指挥员,总是从自己造"势"中去追求胜利,而不苛求部下以苦战取胜。因而,他能恰当地选择人才巧妙地任用"势"。善于任用"势"的人,他指挥军队作战,就像转动木、石一样。木、石的禀性,置于平地则静止,置于高峭之地则滑动;方形静止,圆形滚动。因此,善于指挥作战的人,所造成的态势就像从千仞之高的山上滚下圆石一样。这便是兵法上的"势"。

虚实篇

题解　本篇论述战略谋划与战术用兵上的虚实问题。孙子认为，"兵之所加，如以碬投卵者，虚实是也"。本篇对此作了专章论述。第一，要牢牢掌握战略战术上的主动权，"致人而不致于人"，这是用兵的根本原则之一。能"致人而不致于人""佚者劳之""我专而敌分"，便能化敌之实为虚，变己之虚为实，从而以实击虚；能做到"致人而不致于人"，便能有效地"避实击虚"，便能使敌不知其所守，亦不知其所攻，而我则能随心所欲，攻守自如，无往不胜。第二，必须全面地、不断地、深入地掌握敌我双方不断变化着的情况，除了战前的必要掌握之外，战争中还要采取"策之""作之""形之""角之"等种种手段掌握敌情，探明虚实，以便"因敌变化"，"应形于无穷"。第三，要"因形而错（措）胜于众，众不能知"，虚者实之，实者虚之，虚虚实实，使敌"深间不能窥，智者不能谋"，众人亦"莫知吾所以制胜之形"。

原文　孙子曰：凡先处战地而待敌者佚①，后处战地而趋战者劳②，故善战者，致人而不致于人③。能使敌人自至者，利之也；能使敌人不得至者，害之也。故敌佚能劳之④，饱能饥之，安能动之。

注释

①此句汉简作"先处战地而待敌者失"。失：即"佚"，同
"逸"。此句言两军交战，凡先据战地者，可使自己处于士马
闲逸的主动地位。张预曰："形势之地，我先据之，以待敌来，
则士马闲逸，而力有余。"

②趋：奔赴。古疾行曰趋。趋战：仓促奔赴应战。此句言后
处战地而仓促应战者士马劳倦。梅尧臣曰："先至待敌则力完，
后至趋战则力屈。"张预曰："便利之地，彼已据之，我方趋彼
以战，则士马劳倦而力不足。"

③致人而不致于人：言调动敌人而不为敌人所调动。致：招、
引之意。《汉书·赵充国传》所引此语颜注："致人，引致而取
之也；致于人，为人所引也。"

④佚能劳之：言敌若休整良好，我可采取"致人"之法使它
劳顿。劳：使动词，使……劳倦、困顿。

译文

孙子说：大凡先到达战地而等待敌人到来就沉稳、安
逸，后到达战地而疾行奔赴应战就紧张、劳顿。因
而，善于指挥作战的人，总是设法调动敌人而自己不
为敌人所调动。能使敌人主动来上钩的，是诱敌以
利；能使敌人不得前来的，是相逼以害。因而，敌若

闲逸，可使它劳倦；敌若饱食，可使它饥饿；敌若安稳，可使它动乱。

原文

出其所不趋，趋其所不意①。行千里而不劳者，行于无人之地也。攻而必取者，攻其所不守也；守而必固者，守其所不攻也②。故善攻者，敌不知其所守；善守者，敌不知其所攻。微乎微乎③，至于无形；神乎神乎④，至于无声，故能为敌之司命。进而不可御者，冲其虚也；退而不可追者，速而不可及也。故我欲战，敌虽高垒深沟⑤，不得不与我战者，攻其所必救也；我不欲战，画地而守之⑥，敌不得与我战者，乖其所之也⑦。

注释

①此二句汉简只有前一句，且为"出于其所必趋"，足其上句为"（佚）能劳之，饱能饥之者，出于其所必（趋也）。"故汉简本此句上属，谓何以能"劳之""饥之"，其下句即为"行千里"句，属下段。《太平御览》亦作"出其所必趋"。这里依上海古籍出版社《十一家注孙子》本。依此本，此二句合"攻其无备，出其不意"之旨。

②守其所不攻：即防守在敌人不可能来攻、不可能攻下的地方。

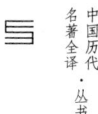

③微乎微乎：微妙啊，微妙啊。

④神乎神乎：神奇啊，神奇啊。

⑤高垒深沟：言工事坚固。垒，壁垒，环围军营的土垣。《说文》："垒，军垒也。"沟：壕沟。均为防御工事。

⑥画地而守：言指画地形或画个界线而守，以喻不作重要设防而守。《新注》："指不设防就可守住。"

⑦乖其所之：汉简作"胶其所之"。乖：违。之：动词，往。意即改变敌人的行动方向。言敌本该来攻，然我从其他方向以利害相诱逼，敌不得不改变去向，我则能"画地而守"。胶：《广雅·释诂》："欺也。"《方言》："诈也。"又常训"黏泥"。均于文意可通，与"乖"近。

译文

在敌人无法紧急救援的地方出击，在敌人意想不到的条件下进攻。行军千里而不劳顿的原因，是行进在敌人无设防的地方；进攻而必取的原因，是进攻敌人不能固守的地方；防守而一定稳固，是防守在敌人不可能来攻或敌人不可能攻下的地方。因而，善于进攻的人，敌人不知该于何处设防；善于防守的人，敌人不知该于何处进攻。微妙啊，微妙啊，达到了无形可窥的境界；神奇啊，神奇啊，以至于不露一丝声息的程度，因而能成为敌人命运的主宰者。进攻而敌方不可抵御，那是冲击在敌人的薄弱环节；撤退而敌人不可追及，那是行动神速，敌人追之不及。我想与敌交战，虽然敌人高筑防御工事也不得不出来与我交战，是因为我攻击它必然要救援的地方；我不想同敌交战，只要在地上画个界线便可守住，敌人无法与我交锋，是因为我设法调动它，使它背离所要进攻的方向。

原文

故形人而我无形①，则我专而敌分②；我专为一，敌分为十，是以十攻其一也，则我众而敌寡；能以众击寡者③，则吾之所与战者约矣④。吾所与战之地不可知，不可知，则敌所备者多；敌所备者多，则吾所与战者寡矣。故备前则后寡，备后则前寡，备左则右寡，备右则左寡⑤；无所不备，则无所不寡⑥。寡者，备人者也⑦；众者，使人备己者也⑧。

注释

①形人而我无形：汉简作"善将者，形人而无形"。形人：示人以形。兵行诡道，所示之形为伪形，即示敌以伪形。无形：隐蔽真情，不露真情。张预注："吾之正，使敌视之以为奇；吾之奇，使敌视之以为正，形人者也。以奇为正，以正为奇，变化纷纭，使敌莫测，无形者也。"甚确。

②我专而敌分：言我示伪形以察敌后，则可集中优势兵力击敌之虚，我真形无现，敌捉摸不透，不得不处处防备而分散兵力。张预注："敌形既见，我乃合众以临之；我形不彰，彼必分势以防备。"善。

③我专为一，敌分为十，是以十攻其一也，则我众而敌寡，能以众击寡者：传本如此，唯汉简作："我专为一，敌分为十，是以十击一也。我寡而敌众，能以寡击众。"按：传本"则我众而敌寡"是承"我专""敌分"后，"以十攻其一"而言，是就进攻局部而言，汉简无"则"字，是就整体而言，谓从整体看，我寡敌众，若能"我专为一，敌分为十"，亦可"以寡敌众"。简本注："简本之意似谓虽敌众而我寡，若能以十击一，则寡可胜众。"善。

④吾之所与战者约矣：杨炳安《孙子会笺》："约，各家皆训'少'。按此虽通，然与下文'吾所与战者寡'文意重赘。约，《说文》：'束也'，《集韵》：'屈也'，《礼·坊记》'小人贫斯约'注：'约，犹穷也'，故'约'有困屈之意。《左传·定公四年》'乘人以约'，即言乘其困屈。故'约'在此应为困屈而不能自如之意。"有理，从之。

⑤备前则后寡，备后则前寡，备左则右寡，备右则左寡：汉简作"备前……者右寡"，前后无缺文，中间缺文不多。杨炳安《孙子会笺》："故此处文字似止有'备前则后寡，备左则

右寡'两句，而无'备后'与'备右'两句。辛稼轩《九议》引文亦无'备后'与'备右'二句，其后人所增欤?"其推论有理。

⑥无所不备，则无所不寡：无处不设防，则无处不兵力寡少，言处处设防，处处皆寡。

⑦寡者，备人者也：言感到兵力寡少不够用，乃分兵备敌所致。

⑧众者，使人备己者也：言兵力显得雄厚，乃迫使敌人分兵备我所致。

译文　因此，示敌以假象而我不露真情，那么，我就可以集中兵力而敌势必分散兵力。我集中兵力为一处，敌分散兵力为十处，这就形成局部的以十攻一的态势，那么，我就兵力众多而敌人就兵力寡少了；能以众多兵力对付寡少兵力，与我交战的敌人就陷入困境了。我与敌交战的地点敌人不知道，不知道，那么敌人防备的方面就多；敌人防备的方面多，在局部与我交战的敌兵就少了，着重防备前方，后方就薄弱；着重防备后方，前方就薄弱；着重防备左翼，右翼就薄弱；着重防备右翼，左翼就薄弱；无处不防备，那就无处不薄弱。造成兵力薄弱的原因就是处处设防，形成兵力集中的优势在于迫使敌人处处防备我。

原文   故知战之地，知战之日，则可千里而会战①；不知战地，不知战日，则左不能救右，右不能救左，前不能救后，后不能救前，而况远者数十里，近者数里乎②？以吾度③之，越人④之兵虽多，亦奚益于胜败哉⑤？故曰：胜可为也⑥。敌虽众，可使无斗⑦。

注释   ①此句言知战之时间、地点则可奔赴千里相会与敌交战。孟氏注："先知战地之形，又审必战之日，则可千里期会，先往以待之。"
②此以上几句言如不知战地战日，敌击我近邻某部尚且不知，无法及时相救，何况攻我相隔数十里、数里的某部呢？更是无法相救了。本节至此旨在强调：知战时日，可千里赴战；不知战之时日，左右亦难相救。按：春秋时战争规模小，车不过千乘，兵不过十万，时不过一天。像鄢陵之战这样罕见的大战也只不过从早晨到黄昏而已，小战持续时间更短。故孙子言不知战地战日，左右且不能相救。孙子据此总结出来的道理，至今仍具指导性。春秋战争规模情况，请参见蓝永蔚《春秋时期的步兵》（中华书局1979年版，第8页）。
③度（duó）：推测、揣度。

④越人：越国。

⑤奚益于胜败哉：胜败，偏义复词，胜。此言越国之兵虽多，我若使之不能相互救应，不能同时投入战斗，那么，他的"兵多"于胜利又有何益呢？

⑥胜可为也：汉简作"胜可擅也"，义相通。此语承上文，言若"致人而不致于人""我专而敌分"，造成有利的战争态势，胜利是可以取得的。这是对《形篇》"胜可知不可为"的重要补充，充分体现了孙子辩证的思想方法和对人的主观能动性的重视。综合起来即谓：客观条件不成熟（敌未出现"可胜"之隙）时，不可强求胜利，若充分发挥主动性，致人而不致于人，造成敌之虚（"可胜"之隙），胜利是可以取得的。

⑦此言敌人虽然众多，然我可剥夺其主动权，使他无法与我争胜。无斗：无法战斗，这里指无法发挥其正常力量战斗。

译文　因此，知道作战的地点，知道作战的时间，哪怕奔赴千里也可如期会合交战；不知作战地点，不知作战时间，那就左翼也难救右翼，右翼也难救左翼；前军难救后军，后军难救前军；何况远者相隔几十里、近者相隔几里的呢？依我推测，越国的兵力虽然众多，又于胜利有何益呢？敌人虽多，可使它无法战斗。

原文　故策①之而知得失之计②，作③之而知动静之理④，形⑤之而知死生之地⑥，角⑦之而知有余不足之处。故形兵⑧之极，至于无形⑨。无形，则深间不能窥，智者不能谋。因形而错⑩胜于众，众不能知。人皆知我所以胜之形，而莫知吾所以制胜之形⑪。故其战胜不复⑫，而应形于无穷⑬。

注释　①策：筹策，这里指分析、研究。

②计：条件。得失之计：优劣好坏之各种条件。

③作：《说文》："作，起也。"这里是"使之起"，即"挑动"之意。

④理：规律。

⑤形：显露，表现。《汉书·伍被传》："聪者听于无声，明者见于未形。"这里指侦察，有使动意。《礼记·乐记》："形于动静。"

⑥死生之地：死地、生地。

⑦角：较量。指对敌试探性接触，以观虚实，犹今之火力侦察。

⑧形兵：以假象迷惑敌人的用兵方法。

⑨形兵之极，至于无形：言以假象迷惑敌人的用兵方法运用到极致程度，变化多端，可达到使人无形可窥的程度。《淮南

子·兵略训》:"兵之极也,至于无刑(形),可谓极之矣。"
与此义略同。

⑩错:同"措",即"置"。此言由于示形取得的胜利置于众
人面前,众人不知其因。

⑪此二句谓:人们都知道我取胜的外在表现之状,而没有谁
知道我争取这些胜利所采取的内部方略情况。前"形"指取
胜状况,后"形"指导致胜利的内在情实、因由,即方略。

⑫战胜不复:用以战胜的谋略方法不重复出现。

⑬应形于无穷:应,动词;形,名词。言由于"形兵之极",
方法无穷,变化多端,根据不同情况可采取不同的应对方法,
故能随敌变化而示形于无穷。李筌曰:"不复前谋以取胜,随
宜制变也。"

译文　因此,分析研究双方情况,可得知双方所处条件的优
劣得失;挑动敌人,可了解敌人的行动规律;侦察战
地,可知战地各处是否利于攻守进退;小规模的兵力
与敌试探性较量,可知敌人兵力部署的或有余或不足
等虚实情况。以假象迷惑敌人的用兵方法运用到极致
程度,就会不露一丝真迹,使人无形可窥,那么,即
使埋藏很深的间谍也不能窥测到实情,即使很有智谋
的人也无法设谋。通过以假象迷惑敌人的"示形"方

法取得的胜利放置在众人面前，众人不能了解其中的因由，众人都知道我取胜的外在作战状况，而没有谁了解我导致胜利所用的内在方略。因而，我取胜的谋略方法不重复，而随着敌情变化所采取的应变"示形"方法是无穷无尽的。

原文

夫兵形象水①。水之形，避高而趋下②；兵之形，避实而击虚③。水因地而制流，兵因敌而制胜④。故兵无常势，水无常形⑤，能因敌变化⑥而取胜者，谓之神⑦。故五行⑧无常胜⑨，四时无常位⑩，日有短长⑪，月有死生⑫。

注释

①兵形象水：谓用兵打仗的规律如流水的规律。形：形制、形式，运动规律。

②水之形，避高而趋下：流水的规律，是避开高处趋向低处。

③兵之形，避实而击虚：用兵的规律，是避开实处，攻击虚处。

④此二句谓：流水根据地形情况决定流向，用兵根据敌情而采取制胜方略。敌虚则攻，敌实则避，因敌之隙而取胜。杜佑曰："兵因敌之亏缺而取胜者也。"是。

⑤兵无常势，水无常形：汉简作"兵无成势，无恒刑"。下句

无"水"字，汉简本注谓"水字似不当有"，因于文意无大碍，仍依传本。此二句言，战争无固定不变的态势，流水无固定不变的流向。强调其运动、变化。

⑥因敌变化：根据敌情的发展变化而采取灵活的应变措施。变化：动词，采取变化措施。

⑦神：高明。

⑧五行：古人认为，世界万物由木、火、土、金、水五种基本元素构成，称为五行。并认为五行"相生相胜"，即相互产生又相互战胜。所谓"相生"是木生火，火生土，土生金，金生水，水生木；所谓"相胜"，亦称"相克"，为金克木，木克土，土克水，水克火，火克金。"五行"观点是古人解释世界的重要哲学观点。

⑨无常胜：即无常克，如金克木，而金又被火所克，没有哪一个处于常克地位。

⑩四时无常位：言四季是不断推移代谢的，没有哪一季永在"位"而不更替。

⑪日有短长：白天时间有短有长。《吕氏春秋·仲冬纪》："是月也，日短至。"高诱注："冬至之日，昼漏水上刻四十五，夜漏水上刻五十五，故曰日短至。"又《仲夏纪》："是月也，日长至。"高诱注："夏至之日，昼漏水上刻六十五，夜漏水上刻三十五，故曰日长至。"漏，漏壶，古计时器。

⑫月有死生：泛言月有朔望圆亏的变化。阴历以月亮（太阴）的运行记年月。月亮从初生到消失为一个月。月亮运行到太阳与地球之间时，月亮以暗面对着地球，人们便看不见，此日称朔，月相为新月，谓月始新生。运行到太阳、地球的延长线方位时，月亮已由蛾眉至满圆，满月称望。然后又逐步缩小以至于消失，消失的前一天为晦，晦为月末，只有一线昏暗残月。然后又循环新生。又，汉简在该篇末有"神要"二字，盖谓该篇为"神要"，非连"月有死生"之正文也。

译文

用兵的规律有如流水的规律。流水的规律是避开高处趋向低处，用兵的规律是避开实处攻击虚处。水流根据地形决定流向，用兵根据敌情采取制胜方略。所以，战争无固定不变的态势，流水无固定不变的流向。能随着敌情发展变化而采取灵活变化的措施取胜的人，才称得上是神秘莫测的高明者。须知五行是没有常胜的，四时是没有不更替的，日照的时间也有短有长，月亮也是有晦有朔。

军争篇

题解 决定战争胜利的条件，有在临战前创造、具备的，有在实战中不断地根据情势变化而夺取的。军争，即指两军相对而争夺制胜条件，争取战场上的主动权。本篇即论述了军争的基本原则和基本方法。

孙子认为，"以迂为直""以患为利"，是军争的基本原则，并指出，军争是利害相关的，能处理好迂与直、利与害的辩证关系，洞察各方面的情况，便能在广阔的范围内，在不同的战线上去有效地争利。要有效地争利，还必须有严整统一的步调，治气、治心、治力、治变等一系列争利的基本方法，从而提出了"避其锐气，击其惰归"的作战原则。最后，作者又从战术上指出了一系列在争利中应遵循的作战原则，但有些显然具有片面性。

原文 孙子曰：凡用兵之法，将受命于君，合军聚众①，交和而舍②，莫难于军争③。军争之难者，以迂为直，以患为利④。故迂其途，而诱之以利，后人发，先人至，此知迂直之计者也⑤。

注释

①合军聚众：聚集民众，组编军队，"合军"与"聚众"实为同义语。曹操注："聚国人，结行伍，选部曲，起营为军阵。"梅尧臣曰："聚国之众，合以为军。"

②交和而舍：此言两军对垒驻扎。交：接也。和：历来注家作"军门"释。杨炳安《孙子会笺》："和，非指军门，而实系军垒甚明。"《韩非子·外储说左上》："李悝警其两和曰：'谨警敌人，旦暮且至击汝……'一日，李悝与秦人战，谓左和曰：'速上！右和已上矣。'又驰至右和曰：'左和已上矣。'左右和曰：'上矣。'"《周礼·夏官·大司马》："以旌为左右和之门。"孙诒让引惠奇云："和者，壁垒之名，因于其垒立旌门，是为左右和之门。"是"和门"乃军门之一种，和为军垒，可指军之一翼。舍：驻扎。

③莫难于军争：没有什么比两军相对争夺制胜条件更难的了。曹操注："从始受命，至于交和，军争难也。"张预曰："与人相对而争利，天下之至难也。"

④以迂为直，以患为利：变迂曲为近直，化祸患为有利。梅尧臣曰："能变迂为近，转患为利，难也。"张预曰："变迂曲为近直，转患害为便利，此军争之难也。"是。

⑤后人发，先人至，此知迂直之计者也：言后于敌人出动而先于敌人达到目的地，这就是懂得变迂为直这一谋略的人。梅尧臣曰："远其途，诱以利，款之也；后其发，先其至，争

之也。能知此者，变迂转害之谋也。"

译文　孙子说：根据一般战争规律，将帅向君主领受命令，聚集民众，组编军队，到与敌军两相对垒，没有什么比两军相对争夺制胜条件更难的了。两军相对争利之所以难，就难在以迂回的手段达到直接的目的，就难在化祸患为有利。采取迂回的途径，但引诱凝滞敌人，后于敌人发动，却先于敌人达到目的地，这便是懂得变迂为直谋略的人。

原文　故军争为利，军争为危①。举军而争利则不及②，委军而争利则辎重捐③。是故卷甲而趋④，日夜不处，倍道兼行⑤，百里而争利，则擒三将军⑥；劲者先，疲者后，其法十一而至⑦；五十里而争利，则蹶⑧上将军⑨，其法半至；三十里而争利，则三分之二至。是故军无辎重则亡⑩，无粮食则亡，无委积则亡⑪。

注释　①军争为利，军争为危：军争有利，军争也有害。或曰军争是有利的，军争也是有害的。为：动词，是，有。梅尧臣曰："军争之事，有利也，有危也。"

②举军：与后文"委军"对言，指携带全部辎重之军。梅尧

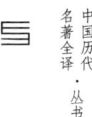

臣曰："举军中所有而行，则迟缓。"张预曰："竭军而前则行缓而不能及利。"

③委：弃也。捐：弃也，失也。言若弃其所有，轻兵独进，则辎重损失了。梅尧臣曰："委军中所有而行，则辎重弃。"李筌曰："委弃辎重，则军资缺也。"皆是。

④卷甲而趋：卷起铠甲，轻装快跑。

⑤倍道兼行：以加倍速度昼夜不停地行军。

⑥擒三将军：三军将领被擒。擒：此表被动，为敌所擒。

⑦其法十一而至：言按其规律，只有十分之一的人到达。法：常规。十一：十分之一。古代母数与子数连用为分数表示法之一。《史记·陈涉世家》："藉第令毋斩，而戍死者固十六七。"《史记·越王勾践世家》："候时转物，逐什一之利。"韩愈《平淮西碑》："愿归农者十九。"上言"十六七"即十分之六七，"什一"即十分之一，"十九"即十分之九。

⑧蹶（jué）：挫败。

⑨上将军：前军将领。古三军或称左、中、右，或称上、中、下。

⑩军无辎重则亡：军队没有辎重就会灭亡。此句以下三句说明不能"委军而争利"。

⑪委积：聚积储备的军需物资。《周礼·地官·遗人》："遗人掌邦之委积，以待施惠。乡里之委积，以恤民之囏阨……

三十里有宿，宿有路室，路室有委；五十里有市，市有候馆，候馆有积。"郑注："少曰委，多曰积。"

译文　军争是有利的，军争也是危险的。全军带着全部辎重去争利，就会行动迟缓而赶不上；全军舍弃笨重器械去争利，那么辎车又损失了。卷起铠甲，轻装快跑，日夜不停，以加倍的速度兼程行进，奔袭百里去争利的话，那么，三军将领都可能被擒；精悍的士卒在前面，疲弱的士卒在后面，按通常规律只有十分之一的人能到达；像这样奔赴五十里去争利的话，那么前军将领必然受挫，按通常规律只有一半人能到达；像这样急行三十里去争利的话，也只有三分之二的人能到达。然而，军队没有辎重就会灭亡，军队没有粮食就会灭亡，军队没有物资储备就会灭亡。

原文　故不知诸侯之谋者，不能豫交①；不知山林、险阻、沮泽②之形者，不能行军；不用乡导③者，不能得地利。故兵以诈立，以利动④，以分合为变⑤者也。故其疾如风，其徐⑥如林，侵掠如火，不动如山，难知如阴⑦，动如雷震⑧。掠乡分众，廓地分利，悬权而动⑨。先知迂直之计者胜，此军争之法也。

注释

①豫交：与交，"豫"通"与"。

②沮（jù）泽：沼泽地带。

③乡导：向导。"乡"通"向"。

④以诈立，以利动：以变诈立威，依利益行动。

⑤以分合为变：把分散与集中作为变化手段。言根据实情，或分散或集中，应变化自如。

⑥徐：舒缓。此句言部队舒缓行进，如森林般严整而井然有序。

⑦难知如阴：难以窥知实情，有如阴云蔽日。此言即"形兵之极，至于无形"的效果。或作荫蔽时，像阴云遮天，似穿凿拘泥。杨炳安《孙子会笺》："言藏匿真形，敌莫能测也。"是。

⑧动如雷震：《新注》："行动起来，犹如万钧雷霆。"杜牧曰："如空中击下，不知所避也。"贾林曰："疾雷不及掩耳。"又李筌曰："盛怒也。"均此二种注，以众家前注为善。

⑨掠乡分众，廓地分利，悬权而动：此言"掠乡分众"与"廓地分利"均须"悬权而动"。旨在强调军争要区别利害。掠乡分众：掠夺敌乡必须分兵进行，防偷袭，防中计。众：兵众。廓地分利：开拓疆土必须分清利害，权衡轻重，权衡是否符合长远利益，否则"地有所不争"。悬权而动：根据实际情况灵活采取行动。权：秤锤。这里喻对事情进行利害轻重的比

较分析。按：此前两句历来分歧较多，掠乡分众一说夺取敌资要分一部分赏与部下。廓地分利，一说开廓土地要分与有功者；又一说，开拓疆土应分别利害，择要据守。

译文 不了解诸侯国的企图，不能与之结交；不了解并善于利用山林、险阻、沼泽等地形条件，不能率军行进；不使用向导，就不能得到有利的地形。用兵靠诡诈立威，依利益行动，把分散与集中作为变化手段。部队快速行动起来有如疾风，舒缓行进起来有如森林，侵掠起来有如烈火，不动时候稳如山岳，难以窥测有如阴云蔽日，发起进攻有如迅雷猛击。掠夺敌乡，应分兵进行；开拓疆土，应区别利害。这些都须比较利害、权衡轻重后才能采取行动。先懂得以迂为直计谋的人才会取得胜利，这就是军争的原则。

原文 《军政》①曰："言不相闻，故为②金鼓③；视不相见，故为旌旗④。"夫金鼓旌旗者，所以一人之耳目也⑤；人既专一，则勇者不得独进，怯者不得独退，此用众之法也。故夜战多火鼓，昼战多旌旗，所以变人之耳目也⑥。

注释 ①《军政》：古兵书，已佚。梅尧臣曰："军之旧典。"王皙曰："古军书。"

②为：动词，设置，用。

③金鼓：古代作战时的指挥工具。王皙曰："鼓鼙钲铎之属。"《吕氏春秋·不二》："有金鼓，所以一耳。"高诱注："金，钟也。击金则退，击鼓则进。"《管子·兵法》："三官，一曰鼓，鼓所以任也，所以起也，所以进也；二曰金，金所以坐也，所以退也，所以免也。"

④旌旗：旗帜的通称，包括令旗与部伍各种标帜，均起指挥联络作用。

⑤所以一人之耳目也：用来统一士卒（人们）视听的工具。一：数词使动用法，使……专一、一致。

⑥变人之耳目：适应将士的视听，便利将士的视听。

译文 《军政》上说："用言语指挥听不清就用金鼓，用手势指挥看不清就用旌旗。"金鼓、旌旗这些工具是用来统一军队视听的。军队行动统一以后，那么，勇武的人不得擅自前进，怯懦的人也不能单独后退，这就是指挥大部队作战的办法。夜间作战，多使用火与鼓；白天作战，多使用旌旗，这是适应将士们视听的办法。

原文　故三军可夺气①，将军可夺心②。是故朝气锐，昼气惰，暮气归③。故善用兵者，避其锐气，击其惰归④，此治气⑤者也。以治待乱，以静待哗，此治心⑥者也。以近待远，以佚待劳，以饱待饥，此治力⑦者也。无邀正正⑧之旗，勿击堂堂之陈⑨，此治变⑩者也。

注释　①夺气：剥夺对方士气。李筌曰："夺气，夺其勇锐。"

②夺心：动摇将领决心。张预曰："心者，将之所主也。夫治乱勇怯，皆主于心。故善制敌者，挠之而使乱，激之而使惑，迫之而使惧，故彼之心谋可以夺也。"《吴子·治兵》："用兵之害，犹豫最大，三军之灾，生于狐疑。"动摇将领的决心，使之忧惧狐疑，是军事家常用的办法。

③朝、昼、暮：本义即早晨、白天、傍晚，这里用来喻用战之初，用战经历，用战之末，非指一天之早晚。孟氏注："朝气，初气也；昼气，再作之气也；暮气，衰竭之气也。"梅尧臣曰："朝言其始也，昼言其中也，暮言其终也。"皆是。然梅注以"归"为"思归"，失之。归：终了、灭亡、消亡，与"竭"同义。此处"锐""惰""归"均形容士气。"归"训"终""亡"，上古文章屡见。《左传·定公十一年》："以讨召诸侯，而以贪归之，无乃不可乎？"意为以讨伐有罪而召诸侯来，却以贪图陈国财富而灭亡它，这恐怕不行吧？又《吕氏

春秋·慎大览·顺说》："不设形象，与生与长，而言之与响；与盛与衰，以之所归。"高诱注："归，终也。"《列子·天端》："古者谓死人为归人。"归作"终""消亡"解，与"一鼓作气，再而衰，三而竭"义同。若训"将士思归"，主语则非"暮气"了。

④避其锐气，击其惰归：避开敌人的锐气，攻击敌人的惰气、归气。犹言敌气盛则避之，待衰懈则击之。此已成为孙子名言。

⑤治气：即治以气，以气治之。也就是说从士气上治（制伏、战胜）敌人。

⑥治心：从心理上制伏、战胜敌人。

⑦治力：从体力上制伏、战胜敌人。

⑧正正：严整貌。

⑨堂堂：盛大貌。陈：古通"阵"。

⑩治变：以权变应对敌人。

译文　敌之兵众，可剥夺其士气；敌之将领，可动摇其决心。初战时气锐，继战时气衰，战至后期，士气就消亡了。因而，善于用兵的人，总是避开敌人的锐气，攻击敌人的惰气、归气（乘敌士气衰败、消亡时实施攻击）。这是从士气上制伏、战胜敌人的办法。用严

整的部队对付混乱的部队，用沉着、冷静的部队对付
浮躁、喧乱的部队，这就是从心理上制伏、战胜敌人
的办法。用靠近战场的部队等待远途来奔的敌军，用
休整良好的部队等待疲劳困顿的敌军，用饱食的部队
对付饥饿的部队，这就是从体力上制伏、战胜敌人的
办法。不要拦截敌人严整的军队，不要攻击敌人盛大
的军阵，这是以权变对付敌人的办法。

原文　故用兵之法：高陵勿向[①]，背丘勿逆[②]，佯北勿从[③]，
锐卒勿攻[④]，饵兵勿食[⑤]，归师勿遏[⑥]，围师必阙[⑦]，
穷寇勿迫[⑧]，此用兵之法也。

注释　①高陵勿向：敌据高之山陵，慎勿仰攻。
②背丘勿逆：汉简"逆"作"迎"，义通。敌人依托山丘，不
可仰攻。与上句意义基本一致。孟氏曰："敌背丘陵为阵，无
有后患，则当引军平地，勿迎击之。"张预曰："敌处高为陈，
不可仰攻，人马之驰逐，弧矢之施发，皆不便也。"
③佯北勿从：假装败走的敌军，慎勿跟踪追击，惧有伏也。
北（bèi）：败退，逃亡。从：尾追，跟踪追击。王晳曰："势
不至北，必有诈也，则勿逐。"
④锐卒勿攻：精锐的敌军不要攻击。此乃"避实击虚""避其

锐气"之意。李筌曰："避强气也。"梅尧臣曰："伺其气挫。"

⑤饵兵勿食：充当诱饵的小部队，不要去歼灭它。

⑥归师勿遏：回归的敌人，不要去阻遏它。遏：遏制，拦截。孟氏曰："人怀归心，必能死战，则不可止而击也。"李筌曰："士卒思归，志不可遏也。"

⑦围师必阙：包围敌人，必须留个缺口，以免敌人困兽犹斗。曹操注："《司马法》曰：围其三面，缺其一面，所以示生路也。"杜牧曰："示以生路，令无必死之心。"阙：即"缺"。

⑧穷寇勿迫：陷入绝境的敌人，不可逼之太甚。陈皞曰："鸟穷则搏，兽穷则噬。"梅尧臣曰："困兽犹斗，物理然也。"

译文

用兵的原则是：占据高地的敌人，不要去仰攻；背靠山丘的敌人，不要去迎击；假装败退的敌人，不可跟踪追赶；精锐的敌军，不要去进攻；充当诱饵的小部队，不要去歼灭；回撤的敌人，不要去拦截；包围敌人要网开一面；陷入绝境的敌人，不可逼迫太甚。这些都是用兵的原则。

九变篇

题解 灵活、机变，是贯穿于《孙子》十三篇的基本思想之一，而本篇则是十三篇中专论灵活机变的一篇，它集中体现了孙子用兵的辩证法思想。

人们干什么事情都必须掌握和遵循一定的规律，但任何规律都是不能生搬硬套的。孙子认为，用兵必须知"法"，必须"修道而保法"，但如果只会生搬硬套而不精于权变，则既"不能得地之利"，也"不能得人之用"。因而，精于权变是用兵的法中之法。要做到精于权变，必须善于洞察与处理好利与害的关系，遇事从长远观点看，"杂于利害"，才能有效地转化矛盾，因利制权；任何灵活机变必须建立在自己有准备、有把握、有力量的基点上，要"恃吾有以待""恃吾有所不可攻"，这样才能应对自如而立于不败之地；要精于权变还必须加强将帅思想素质修养，将帅的任何特质都可能被对方利用，而坏的素质为害更甚，将帅只有冷静地认识形势，灵活地处理战局，才能"不致于人"而巧妙地"致人"。这些论点，至今仍有生命力。

此篇篇名"九变"，即言无穷之机变。九，言数之极。王晳曰："九者数之极，用兵之法当极其变耳。"

原文

孙子曰：凡用兵之法，将受命于君，合军聚众，圮地无舍①，衢地②交合，绝地无留③，围地④则谋，死地⑤则战。塗有所不由⑥，军有所不击⑦，城有所不攻⑧，地有所不争⑨，君命有所不受⑩。故将通于九变之地利者⑪，知用兵矣；将不通于九变之利者，虽知地形，不能得地之利矣。治兵不知九变之术，虽知五利⑫，不能得人之用矣。

注释

①圮（pǐ）地无舍：在水毁之地不可驻扎。曹操曰："无所依也。水毁曰圮。"李筌曰："地下曰圮。"陈皞曰："圮，低下也。"又《孙子兵法·九地》："行山林、险阻、沮泽，凡难行之道者，为圮地。"盖质言之低下、水毁之地为圮，泛言之可指崎岖、凹凸及沼泽等难行之地。

②衢地：多国交界、四通八达的枢纽要地。《孙子兵法·九地》："诸侯之地三属，先至而得天下之众者，为衢地。"梅尧臣曰："夫四通之地，与旁国相通，当结其交也。"

③绝地无留：道路不通，又无粮食水草的地方，此地须亟去毋留。李筌曰："地无泉井畜牧采樵之处为绝地，不可留也。"贾林曰："溪谷坎险，前无通路曰绝，当速去无留。"张预曰："去国越境而师者，绝地也。"按张引《九地篇》，亦为绝地一种。

④围地：四面险阻，出入通道狭窄的地区。《孙子兵法·九

地》："所由入者隘，所从归者迂，彼寡可以击吾之众者，为围地。"又："背固前隘者，围地也。"贾林曰："居四险之中曰围地。敌可往来，我难出入，居此地者，可预设奇谋，使敌不为我患，乃可济也。"

⑤死地：前不能进，后不能退，非死战求胜便不能生存的境地。《孙子兵法·九地》："疾战则存，不疾战则亡者，为死地。"又："无所往者，死地也。"

⑥塗有所不由：孙子佚文《四变》："徐（途）之所不由者，曰：浅入则前事不信，深入则后利不椄（接）。动则不利，立则囚。如此者，弗由也。"塗：同途。由：经由，通过。

⑦军有所不击：孙子佚文《四变》："军之所不毁（击）者，曰：两军交合而舍，计吾力足以破其军，獯其将。远计之，有奇埶（势）巧权于宦，而军……□将。如此者，军唯（虽）可毁（击），弗毁（击）也。"意谓有的敌军本可马上吃掉它，但从长远观点看，暂留它可资利用，于我造势任势有用，则暂时不攻击。

⑧城有所不攻：孙子佚文《四变》："城之所不攻者，曰：计吾力足以拔之，拔之而不及利于前，得之而后弗能守。若力（□）之，城必不取。及于前，利得而城自降，利不得而不为害于后。若此者，城唯（虽）可攻，弗攻也。"

⑨地有所不争：孙子佚文《四变》："地之所不争者，曰：山

谷水□无能生者，□□□而□□……虚。如此者，弗争也。"
盖言争来无益于生存、战胜之地，暂弗争。

⑩君命有所不受：孙子佚文《四变》："君令有所不行者，君令
有反此四变者，则弗行也。"

⑪九变之地利：宋本《武经七书》《太平御览》、曹操《孙子
略解》等均无"地"字。有"地"于文义不顺，殆为衍入，
译文去"地"。

⑫五利：指"途有所不由，军有所不击，城有所不攻，地有
所不争，君命有所不受"的五条好处。"虽知地形"句是针对
圮地等五地来说的，"虽知五利"是针对"塗有所不由"等五
利来说的，共同阐述"将通于九变之（地）利者，知用兵矣"。

译文

孙子说：根据用兵的规律，将领向国君领受命令，聚
集民众组成军队，在"圮地"不要驻扎，在"衢地"
要结交诸侯，在"绝地"不可滞留，在"围地"要巧
出奇谋，在"死地"则殊死奋战。有的道路不宜通过，
有的敌军可以不击，有的城邑可以不攻，有的地盘可
以不争，甚至国君的命令有的也可以不接受。因此，
将领能通晓灵活机变的好处的，就算懂得用兵了；将
领不通晓灵活机变的好处，即使了解地形，也不能得
到地利；治军不了解机变的权术，即使懂得"有的道

路不宜通过"等"五利",也不能充分发挥士卒们最
大的战斗能力和作用。

原文 是故智者之虑,必杂于利害①。杂于利而务②可信③
也,杂于害而患可解也④。

注释 ①杂:掺杂。此为"兼顾"之义。贾林曰:"言利害相参杂。"
曹操曰:"在利思害,在害思利,当难行权也。"张预曰:"智
者虑事,虽处利地,必思所以害;虽处害地,必思所以利。
此亦通变之谓也。"皆是。

②务:事情。

③信(shēn):伸行,发展。杜牧曰:"信,申也。"杨炳安《孙
子会笺》:"言唯其考虑利之一面,方能以此激励三军将士完
成战斗任务也。"

④患:祸患。解:解除。杨炳安《孙子会笺》:"此言唯其考虑
害之一面,方能防患于未然或转危而为安。"

译文 因而,高明的将领考虑问题,一定兼顾利与害两个方
面。在不利的条件下看到有利的一面,事情就可以顺
利进行;在有利条件下看到不利的因素,祸患便可及
早解除。

原文   是故屈诸侯者以害^①，役诸侯者以业^②，趋诸侯者
以利^③。

注释   ①屈诸侯者以害：即以害屈诸侯，言以危害之事使诸侯屈服。
诸侯：在此指敌国。屈：使……屈服。害：曹操注："害其
所恶也。"
②役：役使。业：大事。此为各种貌似正经的大事之意。曹
操曰："业，事也，使其烦劳。"杜佑曰："能以事劳役诸侯之
人，令不得安佚。"皆近之。
③此句张预注："动之以小利，使之必趋。"是。按：此连续三
句均言"致人"之术，均言化敌之实为虚之术。

译文   这就是要以祸患威逼诸侯屈服，以各种貌似正经的大
事来役使诸侯，用各种小利来引诱诸侯疲于奔命。

原文   故用兵之法，无恃^①其不来，恃吾有以待^②也；无恃
其不攻，恃吾有所不可攻^③也。

注释   ①恃：依恃、依靠、依赖。此亦可作"寄希望于"。
②有以待：有所准备以待敌。梅尧臣曰："所恃者，不懈也。"
③有所不可攻：即具有不可攻破的条件。言做好了充分准备，

敌不可破我。

— 译文

打仗的原则是：不要寄希望于敌人不来，而要依靠自己有充分准备，严阵以待；不要寄希望于敌人不会进攻，而要依靠自己有敌人不可攻破的条件。

— 原文

故将有五危：必死①，可杀也；必生②，可虏也；忿速，可侮也③；廉洁，可辱也④；爱民，可烦也⑤。凡此五者，将之过也，用兵之灾也⑥。覆军杀将⑦，必以⑧五危，不可不察也⑨。

— 注释

①必死：勇而无谋，一味死拼。李筌曰："勇而无谋也。"《吴子·论将》："凡人论将，常观于勇，勇之于将，乃数分之一耳。夫勇者必轻合，轻合而不知利，未可也。"《孙子兵法·计篇》："将者，智、信、仁、勇、严也。"

②必生：贪生怕死，畏葸犹豫。李筌曰："疑怯可虏也。"张预曰："临阵畏怯，必欲生返，当鼓噪乘之，可以虏也。"

③忿速：急躁易怒，刚忿偏激。侮：轻也，凌也，欺凌之意。

④廉洁：此谓矜于廉洁之名。辱：污辱。

⑤爱民：此谓过分看重民众眼前利益。爱民诚可贵，若过分计较眼前利益，则会被敌人利用。杜牧曰："言仁人爱人者，

惟恐杀伤，不能舍短从长，弃彼取此，不度远近，不量事力，凡为我攻，则必来救。如此，可以烦之，令其劳顿，而后取之也。"

⑥何延锡注曰："将材古今难之，其性往往失于一偏尔。故孙子首篇言将者智、信、仁、勇、严，贵其全也。"张预曰："庸常之将，守一而不知变，故取则于己，为凶于兵。智者则不然，虽勇而不必死，虽怯而不必生，虽刚而不可侮，虽廉而不可辱，虽仁而不可烦也。"

⑦覆军：全军覆没。杀将：将领被杀。

⑧以：因为，由于。

⑨不可不察也：不可不弄清这个道理啊。张预注曰："言须识权变，不可执一道也。"是。

译文 将领有五个方面的性格偏执是危险的：勇而无谋，一味死拼，可以诱杀；贪生怕死，畏葸疑惧，可以俘获；浮躁易怒，刚忿偏急，可以凌侮；矜于名节，可以污辱；过于仁慈，可以烦扰使之劳顿。大凡这五个方面，都是将领素质上的缺陷，是用兵的大害。全军覆没，将领被杀，一定因为这五个方面的危险因素，因而，不能不看清这个道理啊。

行军篇

题解

行，用也，使也。行军，指在执行战斗任务中处置、使用军队，非指现代汉语之军队行进。本篇论述了将领在执行战争任务中如何处置军队的问题，分处军、相敌、附众三个方面进行论述。第一部分翔实论述了在各种不同地形条件下的处军原则；第二部分一气列举了三十二种情况来阐述如何判断敌情；最后谈了附众问题，提出了"令之以文，齐之以武"的治军原则。

原文

孙子曰：凡处军①相敌②：绝③山依④谷，视生处高⑤，战隆无登⑥，此处山之军也⑦。绝水必远水⑧，客⑨绝水而来，勿迎之于水内⑩，令半济而击之，利；欲战者，无附于水而迎客⑪；视生处高，无迎水流⑫，此处水上之军也。绝斥泽⑬，惟亟去无留⑭；若交军于斥泽之中，必依水草而背众树⑮，此处斥泽之军也。平陆处易⑯，而右背高⑰，前死后生⑱，此处平陆之军也。凡此四军之利⑲，黄帝之所以胜四帝也⑳。

注释

①处军：领兵作战中处置军队进驻之策。军：指我方。

②相敌：观察判断敌情。相：察，视。

③绝：渡，穿越。《史记·天官书》："后六星绝汉抵营室。"《索隐》："绝，度也。"《汉书·成帝纪》："不敢绝驰道"，颜师古注："横度也。"杜牧曰："绝，过也。""绝山"即为穿越通过山岭之意。

④依：依傍，靠近。杜牧注："依，近也。"王晳注："依，谓附近耳。"

⑤视生处高：李筌曰："向阳曰生，在山曰高，生高之地可居也。"张预曰："视生，谓面阳也，处军当在高阜。"此句盖谓选择向阳之高地驻扎。

⑥战隆无登：言敌已据高地，不可登迎仰攻。隆：高。曹操曰："无迎高也。"汉简作"战降毋登"，"隆"从"降"的声，二字可通。但一般却解为"敌下山来战"。张预曰："敌处隆高之地，不可登迎与战，一本作战降无登迎，谓敌下山来战，引我上山，则不可登迎。"

⑦此处山之军也：此乃于高山地带处军原则。张预曰："凡高而崇者，皆谓之山，处山拒敌，以上三事为法。"

⑧绝水必远水：横渡江河一定要在离河流稍远的地方驻扎。梅尧臣曰："前为水所隔，则远水以引敌。"张预曰："凡行军过水，欲舍止者，必去水稍远，一则引敌使渡，一则进退无碍。"

⑨客：敌人。

⑩水内：水汭。"内"同"汭"。此盖言水滨。梅尧臣曰："敌之方来，迎于水滨则不渡。"王晳曰："内当作汭。迎于水汭，则敌不敢济；远则趋利不及，当得其宜也。"

⑪无附于水而迎客：言不得近水为阵而待敌。曹操曰："附，近也。"张预曰："我欲必战，勿近水迎敌，恐其不得渡；我不欲战，则阻水以拒之，使不能济。"

⑫无迎水流：言勿居下游，以免敌人决水放毒。贾林曰："水流之地，可以溉吾军，可以流毒药。迎，逆也。一云，逆流而营军，兵家所忌。"

⑬斥泽：咸卤沼泽之地，即盐碱沼泽地。

⑭亟去无留：迅速离开，不得滞留。亟：急，疾。去：离开。

⑮依水草而背众树：依傍水草，背靠林木。

⑯易：平坦之地，以利于车骑。此句曹操曰："车骑之利也。"张预曰："平原旷野，车骑之地，必择其坦易无坎陷之处以居军，所以利于驰突也。"

⑰右背高：一说以背靠高地为好。右：犹"上"，训动词"崇尚"。因古依右为上。《管子·七法》："以炼卒精锐为右。"另一说，右翼要依傍高处。古注多持此说，译文从此说。

⑱前死后生：前低后高。《淮南子·地形训》："高者为生，下者为死。"

⑲四军之利：上述处山、处水、处斥泽、处平陆等四种处军原则的好处。

⑳黄帝：上古部落联盟首领，号轩辕氏。曾败炎帝于阪泉，杀蚩尤于涿鹿，北逐荤粥，统一黄河流域。事见《竹书纪年》《史记·五帝本纪一》。四帝：这里指当时四方氏族部落首领。《孙子兵法》佚文："［黄帝南伐赤帝］…… 东伐□帝 …… 北伐黑帝 …… 西伐白帝 …… 已胜四帝，大有天下 ……"

译文　孙子说：领军作战中，处置军队、判断敌情，应该依据下列原则：穿越山岭，应临近谷地行进，选择朝阳的高地驻扎，敌人已据高地，不可仰攻，这是在山地处置军队的原则。渡水一定要在离水流稍远的地方驻扎、准备；敌人渡水而来，不要在水滨迎战，让敌人渡过一半时攻击，这样才有利；想与敌人交战，不要靠近水边而迎战敌人；选择高而向阳处列阵，不要处于下游逆着水流布阵或驻扎，这是在河流地区处置军队的原则。穿越盐碱沼泽地带，一定迅速通过，切勿滞留；如果在盐碱沼泽之地与敌人遭遇，一定依傍水草而背靠林木，这是在盐碱沼泽地带处军的原则。在平原旷野，要驻扎在平坦地面，在右边依托高阜，前低后高，这是在平原地区处置军队的原则。这四种处军原则的好处，就是黄帝战胜东西南北四帝的原因。

—
原文　　凡军好高而恶下①，贵阳而贱阴②，养生而处实③，军无百疾，是谓必胜。丘陵堤防，必处其阳而右背之。此兵之利，地之助也。上雨，水沫至，欲涉者，待其定也。凡地有绝涧④、天井⑤、天牢⑥、天罗⑦、天陷⑧、天隙⑨，必亟去之，勿近也。吾远之，敌近之；吾迎之，敌背之。军行有险阻、潢井葭苇⑩、山林翳荟⑪者，必谨复索之，此伏奸之所处⑫也。

—
注释　　①凡军好离而恶下：大凡驻军喜好高处厌恶低处。张预注："居高则便于觇望，利于驱逐；处下则难以为固，易以生疾。"
②贵阳而贱阴：以向阳的地方为贵，贱视潮湿的处所。古以日照为准，山南水北为阳，山北水南为阴。贵、贱：皆用如动词，意动用法，即以……为贵（为贱）。
③养生而处实：即养于生而处于实。生：生地，犹"视生处高"之"生"。实：实地，均指有利的高阳干爽之地。养：养育，指养育部队战斗力。此句与上下句联系起来盖谓：由于"好高而恶下，贵阳而贱阴"，则部队"养于生处，处于实处"，故"军无百疾，是谓必胜"。梅尧臣注："养生便水草，处实利

粮道。"曹操注："恃满实也。养生向水草，可以放牧养畜乘。实，犹高也。"近之。

④绝涧：两岸峭壁、不能横越的山涧溪谷。梅尧臣注："前后险峻，水横其中。"

⑤天井：四周高峻、中间低洼的地形。梅尧臣注："四面峻坂，涧壑所归。"

⑥天牢：高山峻岭、险象环生、易进难出的地方。梅尧臣注："三面环绝，易入难出。"

⑦天罗：荆棘丛生、难于用武的地方。梅尧臣注："草木蒙密，锋镝莫施。"

⑧天陷：卑湿低下、道路泥泞、车骑难行之地。梅尧臣注："卑下污泞，车骑不通。"

⑨天隙：长沟深坑交错、难以穿越的地带。梅尧臣注："两山相向，洞道狭恶。"又曹操注："山深水大者为绝涧，四（中）方高、中央下者为天井，深山所过若蒙笼者为天牢，可以罗绝人者为天罗，地形陷者为天陷，洞道迫狭、深数丈者为天隙。"

⑩潢井葭苇：《新注》："指长满芦苇的低洼地带。潢（huáng）井，低洼地；葭（jiā）苇，芦苇。"其他各家均将"潢井"与"葭苇"分为二词注，考此节文义，以《新注》为善。

⑪山林蘙荟：《新注》："指草木长得很繁茂的山林地带。蘙荟

（yì huì），草木长得很茂盛。"同上，《新注》善。

⑫伏奸之所处：伏奸藏匿的地方。奸：奸细，伏兵。

译文　大凡驻军，都是喜好高处而厌恶低处，选择向阳地而避开阴湿地，养军在靠近水草的便利地方，驻扎在朝阳干燥的高处，军队不发生任何疾病，这才称得上必胜之军。丘陵堤防，一定要驻扎在它的向阳面，且右边依托着它。这是用兵的有利条件，是地形给予的资助。上游下雨，河中必有水沫漂来，想过河的话，一定等水沫消定以后。凡是地形中有"绝涧""天井""天牢""天罗""天陷""天隙"等情况，一定迅速离开它，切勿接近。我方远离它，让敌方接近它；我方对着它，使敌方背着它。军队行进中，遇到艰难险阻之处，长满芦苇的低洼地，草木茂密的山林地，一定要仔细反复地搜索，因为这些地方往往是奸细伏兵的藏匿之处。

原文　敌近而静者，恃其险也①；远而挑战者，欲人之进也②；其所居易者，利也③。众树动者，来也④；众草多障者，疑⑤也；鸟起者，伏⑥也；兽骇者，覆⑦也。尘高而锐者，车来也；卑而广者，徒来也⑧；散而条达⑨

者，樵采也；少而往来者，营军⑩也。辞卑而益备者，进也；辞强而进驱者，退也；轻车先出居其侧者，陈也⑪；无约而请和者，谋也⑫；奔走而陈兵车者，期也⑬；半进半退者，诱也⑭。杖而立⑮者，饥也；汲而先饮者，渴也⑯；见利而不进者，劳也⑰。鸟集者，虚也⑱；夜呼者，恐也⑲；军扰者，将不重也⑳；旌旗动者，乱也；吏怒者，倦也㉑；粟马肉食，军无悬瓿㉒，不返其舍者，穷寇也。谆谆翕翕㉓，徐与人言者，失众也；数赏者，窘也㉔；数罚者，困也㉕；先暴而后畏其众者，不精之至也㉖；来委谢㉗者，欲休息也。兵怒而相迎，久而不合，又不相去，必谨察之。

注释

①敌近而静者，恃其险也：敌人离我方很近却很安静，是依恃着某种险要的条件。此句开始言"相敌"，一气叙了三十二法。

②远而挑战者，欲人之进也：敌人远离我，却出来挑战，那是希望我前往。此句承上句省"敌"。人：此指我方。陈皞曰："敌人相近而不挑战，恃其守险也。若远而挑战者，欲诱我使进，然后乘而奋击也。"

③其所居易者，利也：敌人舍险而选平易之地驻军，一定有其便利条件。张预曰："敌人舍险而居易者，必有利也。或曰：

敌欲人之进，故处于平易，以示利而诱我也。"按："或曰"未

切。此又一"相敌"之法。

④众树动者，来也：前方林木摇动，那是敌人来了。曹操注：

"斩伐树木，除道进来，故动。"

⑤疑：使我疑惑。曹操曰："结草为障，欲使我疑也。"

⑥伏：伏兵。曹操曰："鸟起其上，下有伏兵。"

⑦覆：大军暗中掩袭。曹操注："敌广陈张翼，来覆我也。"李

筌曰："不意而至曰覆。"

⑧卑而广者，徒来也：扬起的尘埃低而面积广的，那是敌人

步卒开来了。张预曰："徒步行缓而迹轻，又行列疏远，故尘

低而来。"

⑨散而条达：零散而呈条缕状。杜牧曰："樵采者，各随所向，

故尘埃散衍。条达，纵横断绝貌也。"王晳曰："条达，纤微断

续之貌。"

⑩营军：察看地形、准备立营的敌军。梅尧臣曰："轻兵定营，

往来尘少。"

⑪轻车先出居其侧者，陈也：战车先出其营之侧面，是列阵

欲战。陈：阵，这里作动词，布阵、列阵。曹操曰："陈兵欲

战也。"杜牧曰："出轻车，先定战陈疆界也。"

⑫无约而请和者，谋也：未至屈困之境而请和，必有奸谋。

约：困顿、困屈，同《虚实篇》"吾之所与战者约矣"之"约"。

陈皞曰:"今言无约而请和,盖总论两国之师,或侵或伐,彼我皆未屈弱,而无故请和好者,此必敌人国内有忧危之事,欲为苟且暂安之计,不然,则知我有可图之势,欲使不疑,只求和好,然后乘我不备而来取也。"一般注家均以"约"为质盟之约。如李筌曰:"无质盟之约请和者,必有谋于人。"并存之。

⑬期:限定时间地点紧急布阵之意。李筌曰:"战有期及将用,是以奔走之。"杜牧曰:"益先出车定战场界,立旗为表,奔走赴表,以为陈也,旗者,期也,与民斯于下也。《周礼·大蒐》曰:'车骤徒趋,及表乃止。'是也。"张预曰:"立旗为表,于民期于下,故奔走以赴之。"

⑭半进半退者,诱也:似进不进,似退不退;进一进,退一退,这是诱使我追击他。又,古注各家谓"半进半退"为"伪示杂乱"。张预曰:"诈为乱形,是诱我也。"

⑮杖而立:倚仗兵器而站立。杖:兵仗、兵器,此作动词,倚兵杖、倚兵器。梅尧臣曰:"倚兵而立者,足见饥弊之色。"王皙曰:"倚仗者,困馁之相。"

⑯汲而先饮者,渴也:张预注:"汲者未及归营而先饮水,是三军渴也。"

⑰见利而不进者,劳也:杜佑曰:"士疲倦也。敌人来,见我利而不能击进者,疲劳也。"梅尧臣曰:"人其困乏,何利

之趋！"

⑱鸟集者，虚也：群鸟集中其上，则其下营垒已空。张预曰：
"凡敌潜退，必存营幕，禽鸟见空，鸣集其上。"

⑲夜呼者，恐也：敌军士夜晚有声相呼，是恐惧怯懦。曹操
曰："军士夜呼，将不勇也。"杜牧曰："恐惧不安，故夜呼以
自壮也。"

⑳军扰者，将不重也：敌军多惊扰，是将领无威容，不持重。
李筌曰："将无威重则军扰。"陈皞曰："将法令不严，威容不
重，士因以扰乱也。"

㉑吏怒者，倦也：军吏忿怒，是士众倦烦了。杜牧曰："众悉
倦弊，故吏不畏而忿怒也。"贾林曰："人困则多怒。"梅尧臣
曰："吏士倦烦，怒不畏避也。"

㉒粟马肉食，军无悬瓿：以粮食喂马，杀牲口吃，此皆处于
穷途，不作长远打算之举。悬瓿（fǒu）：瓿，古时汲水用的
尖底瓦器。不用时以绳悬之，故曰悬瓿。张预曰："捐粮谷以
秣马，杀牛畜以飨士，破釜及瓿，不复炊爨，暴露兵众，不
复反舍，兹穷寇也。"

㉓谆谆：迟顿，有气无力貌。《辞海》："谆谆，迟钝貌。"杜
牧注："谆谆，乏气声促也。"翕翕：和合貌。曹操注："谆谆，
语貌；翕翕，失志貌。"

㉔数赏者，窘也：杜牧曰："势力穷窘，恐众为叛，数赏以

悦之。"

㉕数罚者，困也：梅尧臣曰："人弊不堪命，屡罚以立威。"

㉖先暴而后畏其众：先对部下残暴后畏部众离散。不精：不精明。梅尧臣注："先行乎严暴，后畏其众离，训罚不精之极也。"

㉗委谢：委质来谢，带贵重礼品来言好。此句梅尧臣注："力屈欲休兵，委质以来谢。"张预注："以所亲爱委质来谢，是势力穷极，欲休兵息战也。"

译文　敌人离我很近却很镇静的，是依恃它有险要的条件；敌人离我很远而前来挑战的，是企图诱我前往；敌人舍险而居平易之地，一定有它的好处或企图。前方许多树木摇动，那是敌人偷袭来了。草丛中到处设置伪装、障碍，那是企图迷惑我；鸟儿惊飞而起，下面必有伏兵；野兽惊骇逃窜，那是大军掩袭过来了；前方尘埃飞扬得高而尖，那是敌人的战车来了；尘埃飞扬得低而广，那是敌人的步卒来了；尘埃零散而丝丝缕缕的，那是有人在打柴；尘埃飞扬得少且往来不定，那是察看地形，准备立营的敌军。敌人使者言辞谦下而部队却加紧备战的，是企图向我进攻；敌人使者言辞强硬而先头部队又向前逼进的，那是在准备撤退；战车先出据军营侧翼的，那是在布阵；没有陷入困屈之境却来请和的，是另有奸谋；敌人往来奔跑而展开兵车的，是在紧急集合以布阵决战；敌人似进非进，进一进，退一退，是企图诱我前往。敌兵倚着兵器而站立，是饥饿的表现；取水的敌军汲水后先自饮，说明敌军都很干渴；敌军见到明显的利益也不前往争取，那是太劳顿了。群鸟聚集敌营上方，敌营必已空虚；敌军夜有呼叫声，是因为军心慌恐；敌军纷乱无序，是敌将没有威严；敌旌旗乱动，是敌营阵已乱；敌军吏忿怒，是太烦倦了；敌人以粮喂马，杀牲口吃，军中没有悬着的汲水器，决心不返营舍的，那是处于穷途末路的敌人；敌将慢声乏气地与人缓缓交谈，是将领已失去众士之心；再三实行悬赏的，是已处于窘迫之境，恐士众叛离；再三实行处罚的，是陷于困弊之境，希图以罚立威；敌将先对士卒暴虐，后又畏惧士卒叛离的，那是愚蠢到极点的蠢将；带来礼品谈判的，是想休兵息战。敌人盛怒而来，却久不交战又不撤离，必须仔细审察，摸清它的真实意图。

原文　兵非益多也，惟无武进①，足以并力、科敌、取人而已②。夫惟无虑而易敌者③，必擒于人④。

注释　①兵非益多也，惟无武进：武进，恃勇轻进，此句言兵众并非愈多愈好，只是不能恃勇轻进，如果恃勇轻进，"多"也无益。那么，何以为准呢？此即下句所言。

②足以并力、料敌、取人而已：足够做到同心协力、判明敌情、战胜敌人就可以了。

③无虑而易敌者：没有谋略而又轻视敌人的人。易：以……易与。易敌，即认为敌人容易对付，意即轻敌。

④擒于人：被敌人擒获。

译文　兵众并非越多越好，只是不能恃勇轻进，能够做到同心协力、判明敌情、战胜敌人就够了。只有那些没有谋略而又轻敌的人，才一定会被敌人所擒获。

原文　卒未亲附而罚之①，则不服，不服则难用也；卒已亲附而罚不行，则不可用也②。故令之以文，齐之以武③，是谓必取。令素④行以教其民，则民服；令不素行以教其民，则民不服。令素行者，与众相得⑤也。

注释   ①此句杜牧注曰："恩信未洽，不可以刑罚齐之。"亲附：亲近，归附。

②此句曹操注曰："恩信已洽，若无刑罚，则骄惰难用也。"

③令之以文，齐之以武：用政治道义教育士卒，用军纪军法统一步调。令：教令，这里指教育。齐：齐一，这里作动词，统一。文：文德，政治。武：武威，法令。曹操注："文，仁也；武，法也。"李筌注："文，仁恩；武，威罚。"

④素：平常。

⑤相得：相融洽。

译文   士卒还未亲近依附就施行处罚，那么，士卒就必然不服，不服就难以使用；士卒已经归附而法纪不施行，那么，这样的士卒就不堪使用。因而，要以政治、教令教育士卒，要以军纪、军法来统一步调。这样，才称得上成为必胜的军队。平常一贯以教令教育士卒、执行法纪的，士卒就服从；平常不以教令教士卒、不执行法纪的，士卒就不服。教令一贯执行得好，就与士众相融洽。

<h1 style="text-align:center">地形篇</h1>

题解

本篇与《九地》均是论述军事地理的。本篇是从客观上、战略上阐述范围广阔的、具有一定特征性的地理地貌条件对战争的影响，指出"地形"是用兵之助，但如将帅不善于用兵，不善于利用地形，不善于驾驭部队，其战斗失败则"非天之灾"，只有"知彼知己，胜乃不殆；知天知地，胜乃不穷"。本篇分四部分论述。第一部分，作者将"地形"分成六类，具体指出各种类型条件下的用兵原则。第二部分则列举了"六败"的情况，说明这些失败"非天之灾"，皆"将之过"。第三部分则在此基础上说明地形是用兵的辅助条件，主将必须善于利用，对那些不明战况、不知战道的国君，命令可以不听，而将帅本身必须是"进不求名，退不避罪，而利合于主"。最后，作者指出，要百战百胜，必须善于治军，必须"知彼知己""知天知地"，只有全面熟练地运用自然的、人事的一切条件，才能"胜乃不穷"。

原文

孙子曰：地形有通者，有挂者，有支者，有隘者，有险者，有远者。我可以往，彼可以来，曰通①。通形者，先居高阳，利粮道②，以战则利。可以往，难以返，曰挂③。挂形者，敌无备，出而胜之；敌若有备，出而不胜，难以返，不利。我出而不利，彼出而不利，曰支④。支形者，敌虽利我，我无出也；引而去之，令敌半出而击之，利。隘形者，我先居之，必盈⑤之以待敌；若敌先居之，盈而勿从，不盈而从之。险形者，我先居之，必居高阳以待敌；若敌先居之，引而去之，勿从也。远形⑥者，势均⑦，难以挑战，战而不利。凡此六者，地之道也；将之至任，不可不察也。

注释

①通：《周易·系辞》："往来无穷谓之通。"

②利粮道：使粮道畅通。利，用如使动词。此句张预注："先处战地以待敌，则致人而不致于人。我虽居高面阳，坐以致敌，亦虑敌人不来赴战，故须使粮饷不绝，然后为利。"

③挂：梅尧臣注："网罗之地，往必挂缀。"

④支：杜佑曰："支，久也，俱不便久相持也。"

⑤盈：杜佑曰："盈，满也，以兵陈满隘形，欲使敌不得进退也。"此句曹操注："隘形者，两山间通谷也，敌势不得挠我也。我先居之，必前齐隘口，陈而守之，以出奇也。敌若先居此地，齐口陈，勿从也。即半隘陈者从之，而与敌共此利也。"杜牧注："盈者，满也。言遇两山之间，中有通谷，则须

当山口为营，与两山口齐，如水之在器而盈满也。"

⑥远形：两军相距较远。

⑦势均：双方所处地形与对方形成的态势均等。杜牧注："譬如我与敌垒相去三十里，若我来就敌垒而延敌欲战者，是我困敌锐，故战者不利。若敌来就我垒，延我欲战者，是我佚敌劳，敌亦不利。故曰势均。然则如何？曰：欲必战者，则移相近也。"

译文   孙子说：地形有通、挂、支、隘、险、远六种。我可以往，敌人也可以来，这种地区称为"通"。在这种地区作战，必须先抢占高阳之处，并使粮道畅通，这样，交战就有利。凡是前往容易而返回艰难的地区称为"挂"。在挂形地区作战，敌人若无防备，出击可以胜敌人；若有防备，出击不可胜而自己却难以返回，不利。凡是我出击不利，敌方出击也不利的地区，称"支"。在支形地区，敌人即使以利诱我，我也不能出击，率军离开，计敌人从支形地区出发一半时突然回击它，有利。在两山间有狭窄通谷的隘形地区作战，如果我先占据了隘口，一定齐隘口而满陈兵以待敌；若敌人先占据隘口，满陈兵封住了隘口，就不要进攻；如果敌人只占据了隘口一部分，并未布兵阵全部封锁，则可以进攻。在险形地区作战，如果我先据险地，一定选择高阳之处来等待敌人；如果敌人先占险地，就率军离去，不要仰攻敌人。在远形地区作战，双方态势均等，难以挑战引敌，无论哪一方挑战都不利。大凡这六个方面，是运用地理条件的原则，掌握这些原则，是将领们至关重要的责任，不能不认真地加以研究。

原文

故兵有走者，有弛者，有陷者，有崩者，有乱者，有北者。凡此六者，非天之灾①，将之过也②。夫势均，以一击十，曰走③；卒强吏弱，曰弛④；吏强卒弱，曰陷⑤；大吏⑥怒而不服，遇敌怼而自战，将不知其能，曰崩⑦；将弱不严，教道不明，吏卒无常⑧，陈兵纵横，曰乱；将不能料敌，以少合众，以弱击强，兵无选锋⑨，曰北⑩。凡此六者，败之道也，将之至任，不可不察也。

注释

①非天之灾：不是客观自然条件所造成的灾害。天：与"人"相对，指包括"地"在内的一切客观外界。此句言"灾"不在客观外界之"天"，而在"人"，故下言"将之过也"。

②将之过也：是将帅的失误所造成的。张预注："凡此六败，

咎在人事。"

③走：逃跑。此言一触即败、望风而逃之军。

④卒强吏弱，曰弛：士卒强悍，将吏懦弱，官不能统众，是废弛的军队。曹操注："吏不能统，故弛坏。"杜牧曰："言卒伍豪强，将帅懦弱，不能驱率，故弛坏坏散也。"

⑤吏强卒弱，曰陷：军吏强悍，士卒懦弱，不堪驱使，这叫失陷之军。曹操曰："吏强欲进，卒弱辄陷，败也。"王晳曰："为下所陷。"

⑥大吏：曹操注"小将也"，盖指主将之下的中上层军官。

⑦怼（duì）：怨恨，与"怒"互文见义。崩：崩溃。此句言军中大吏恚怒而不听主将之令，遇敌便战，主将也不了解他的能力，这叫崩溃之军。

⑧吏卒无常：指下级将领和士卒没有可遵循的常规常法。常：常规，一定的法纪。

⑨选锋：精选出来的精锐的前锋分队。远在春秋前，军事家就从经验中意识到前锋先头部队的重要性，懂得了前锋若败，全军夺气的规律，故异常重视精选士卒组成精锐的尖刀部队置于阵之前锋，并把这种充当锋刃的部队称为选锋。当然，挑选士卒组成这个部队也叫选锋。大阵、小阵，大队、小队，均有选锋。《孙膑兵法·威王问》："威王问：'地平卒齐，合而北者，何也？'孙子曰：'其阵无锋也。'"又《八阵》："诲（每）

阵有锋,诲锋有后。皆待令而动。"《尉缭子·战威》:"武士不选,则众不强。"

⑩北（bèi）：败逃。甲骨文、篆文皆两相背人形,意谓人皆向战,有人转身背向而走,此即败逃、逃跑。

译文

失败的军队有走、弛、陷、崩、乱、北六种。大凡这六种情况,不是客观自然条件不好所造成的,是将领们的过失所导致的。如果双方所处态势相当,却以一击十,必然望风而逃,这叫"走"——逃遁之军;士卒强悍而将吏懦弱,这叫"弛"——废弛之军;将吏强悍而士卒懦弱,这叫"陷"——失陷之军;部将怨怒,不服从指挥,遇敌忿然擅自交战,主将又不了解他的能力而加以控制,必然崩散,这叫"崩"——崩溃之军;将领无能,不能严格约束部队,教导训练没有明确的理论、方法,部下无遵循的常规法纪,行阵混乱,这叫"乱"——混乱之军;将帅不能准确地判断敌情,却以少击众,以弱击强,行阵又无精锐的前锋,这叫"北"——败退之军。大凡这六种情况,都是致败的原因,了解并避免这些弊端,是将领们至关重要的责任,不能不认真加以研究。

原文　夫地形者，兵之助也。料敌制胜，计险阨、远近^①，上将^②之道也。知此而用战者必胜，不知此而用战者必败。故战道必胜^③，主曰无战，必战可也，战道不胜，主曰必战；无战可也。故进不求名，退不避罪，唯人是保，而利合于主，国之宝也。

注释　①计险阨、远近：考察地势的险易、路程的远近。阨：险要之处。计"险""易"自在其中。

②上将：《新注》："这里指主将。"

③战道：此指战场态势所呈现的趋势。战道必胜：战场态势呈现出必胜趋势。

译文　地形，是用兵的辅助条件。判明敌情、制定制胜方略，考察研究地形的险易、远近，这些是主将必须履行的职责。懂得这些而指挥作战的人必胜，不懂得这些而指挥作战的人必败。因而，按战争实况的发展，有必胜的条件与趋势，即使君主下令不战，主将一定要战也可以；如果按战争实况发展，无胜利条件，即使君主下令要战，主将不战也可以。总之，进不求名，退不避罪，一心只求保护民众而符合国君长远的根本利益，这样的将帅，才是国家的栋梁啊！

原文　视卒如婴儿，故可与之赴深谿；视卒如爱子，故可与之俱死。厚而不能使①，爱而不能令②，乱而不能治③，譬若骄子，不可用也。

注释　①厚而不能使：厚养而不能使用。此句与下句互文。厚：指优厚地对待。使：驱使，任用。
②爱而不能令：溺爱而不能使令。
③乱而不能治：违法乱纪而不服整治。

译文　关怀士卒如关照婴儿一样备至，那么士卒就可与将帅共赴深渊而不畏艰险；对待士卒像对待心爱的儿子一样亲切、信任，那么士卒就可与将帅同生死共患难。如果厚养而不能使用，溺爱而不能行令，违法乱纪而不服惩治，这样的士卒就像"骄子"一样，是不堪使用的。

原文　知吾卒之可以击，而不知敌之不可击，胜之半也；知敌之可击，而不知吾卒之不可以击，胜之半也；知敌之可击，知吾卒之可以击，而不知地形之不可以战，胜之半也。故知兵者，动而不迷①，举而不穷②。故曰：知彼知己，胜乃不殆；知天知地，胜乃不穷。

注释

①动而不迷：行动果断，毫不迷茫。

②举而不穷：举措随机应变，是无穷无尽的。

译文

知道自己的部队可以出击，而不知敌人不可攻击，胜利的可能性只有一半；知道敌人可以攻击，而不知道自己的部队不可出击，胜利的可能性只有一半；知道敌人可击，知道自己的部队可以出击，而不知地形不利于我作战，胜利的可能性也只有一半。因而，熟知用兵之妙的人，他的行动是准确果断的，他的举措是随机应变、变化无穷的。因此说，了解对方也了解自己，胜利就不成问题；了解天候，又了解地形，胜利就无穷无尽。

九地篇

题解　九地，指各种复杂的战地。九，极言其多。上篇之"地"，纯系自然地理概念；此篇之"地"，有些则加上了环境氛围因素，如散地、轻地、重地、绝地等。本篇阐述了不同地理环境下的作战原则和处置方法，并以较大的篇幅论述了适于各种环境条件下的重要的战略战术原则和治军原则。如：对严整强大之敌，先"夺其所爱"；军队要指挥得如常山之蛇，救应自如，使"犯三军之众，若使一人"；领兵要"静以幽，正以治"；将士卒"投之亡地然后存，陷之死地然后生"；"顺详敌之意，并敌一向，千里杀将"等。其中愚士卒之耳目及强调将士卒投之于险地的观点是不足取的。

原文　孙子曰：用兵之法，有散地，有轻地，有争地，有交地，有衢地，有重地，有圮地，有围地，有死地。诸侯自战其地，为散地①。入人之地而不深者，为轻地②。我得则利，彼得亦利者，为争地③。我可以往，彼可以来者，为交地④。诸侯之地三属，先至而得天下之众者，为衢地⑤。入人之地深，背城邑多者，为重地⑥。行山林、险阻、沮泽，凡难行之道者，为圮地。所由入者隘，所从归者迂⑦，彼寡可以击吾之众者，为围地。疾战则存，不疾战则亡者，为死地⑧。是故散地则无战，轻地则无止⑨，争地则无攻⑩，交地则无绝⑪，衢地则合交⑫，重地则掠⑬，圮地则行⑭，围地则谋⑮，死地则战⑯。

注释

①散地：士卒近家，战不利则心易散，故言散地。曹操注："士卒恋土，道近易散。"杜牧曰："士卒近家，进无必死之心，退有归投之处。"

②轻地：入敌境未远，亦可轻易返回，故言轻地。梅尧臣曰："入敌未远，道近轻返。"

③争地：谁先占领谁就有利的必争之地。曹操曰："可以少胜众，以弱击强。"杜牧曰："必争之地，乃险要也。"

④交地：交通网络之地。曹操曰："道正相交错也。"张预曰："地有数道，往来通达，而不可阻绝者，是交错之地也。"

⑤三属：属（zhǔ），连接。敌我与他国相邻之地。曹操曰："我与敌相当，而旁有他国也。"衢地：国境上多国连结，可以四通之地。张预曰："衢者，四通之地，我所敌者，当其一面而旁有邻国，三面相连属，当往结之，以为己援。先至者，谓先遣使以重币约和旁国也。兵虽后至，已得其国助矣。"

⑥背城邑：背负城邑，指穿过敌境内城邑，或曰背后有敌城

邑。重地：与轻地对言，指入敌境远的难返之地。曹操曰："难返之地。"此句梅尧臣注："乘虚而入，涉地愈深，过城已多，津要绝塞，故曰重难之地。"

⑦所由入者隘，所从归者迁：进入的道路狭隘而回归的道路迁远。

⑧死地：盖不速战以求生则会被消灭之地。梅尧臣注："前不得进，后不得退，旁不得走，不得不速战也。"

⑨无止：不可止留。梅尧臣曰："以速进为利。"

⑩争地则无攻：言敌已据争地则不可攻。梅尧臣曰："形胜之地，先据乎利；敌若已得其处，则不可攻。"

⑪交地则无绝：在交地，部伍相联结，不可断绝。梅尧臣曰："道既错通，恐其邀截，当令部伍相及，不可断也。"

⑫衢地则合交：在衢地，则当结交诸侯，陷敌于孤立。《左传·隐公六年》："亲仁善邻，国之宝也。"

⑬重地则掠：处于重地则掠夺资粮。此即"因粮于敌"意。梅尧臣曰："去国既远，多背城邑，粮道必绝，则掠畜积以继食。"

⑭圮地则行：遇圮地则迅速通行。张预曰："难行之地，不可稽留也。"

⑮围地则谋：处围地则发谋以取胜。

⑯死地则战：处死地则力战以求生。

译文　　孙子说：根据用兵的原则，战地有散地、轻地、争地、交地、衢地、重地、圮地、围地、死地等多种。诸侯在自己领地内作战，这种战地称为散地。进入敌境不远的战地，称为轻地。我先占领于我有利，敌先占领于敌有利，此为争地。我可以前行，敌人也可以进来，此为交地。多国交界，先得到便容易取得天下支持的，为衢地。入敌境纵深，穿过敌境许多城邑的地方，称为重地。山林、险阻、沼泽等大凡难行的地方，称为圮地。进入的道路狭隘，回归的道路迂远，敌人以少数兵力便可抗击我大部队的地方，称为围地。迅速奋战便可生存，不迅速奋战就会灭亡的为死地。因而，在散地不宜交战；在轻地不要停留；在争地，敌若占据，不可进攻；在衢地则注意结交诸侯；在重地，则掠取资粮；在圮地则迅速通过；在围地则巧设计谋；在死地则殊死奋战。

原文　　所谓古之善用兵者，能使敌人前后不相及①，众寡不相恃②，贵贱③不相救，上下不相收④，卒离而不集，兵合而不齐。合于利而动，不合于利而止。敢问：敌众整而将来，待之若何？曰：先夺其所爱，则听矣⑤。兵之情主速⑥，乘人之不及，由不虞之道⑦，攻其所不戒也。

注释　①不相及：不相连续。及：本为"赶上"，此为"连也""继也"。

②众寡不相恃：大部队与小部队不能协同依恃。

③贵贱：官与兵。春秋时军中贵族为官，奴隶为兵。

④不相收：不相统属，不能收聚。收：聚也。

⑤夺其所爱：剥夺敌人所爱惜依恃的有利条件。听：屈从。

⑥兵之情主速：用兵的情理是以神速为主。

⑦由不虞之道：经由敌人料想不到的道路。虞：料想。

译文　通常人们称赞的古代善于用兵的人，能使敌人前后不相连续，大部队与小部队无法相依恃，官与兵无法相救援，上下级无法相统属，士卒离散而不能集合，即使集合也无法统一行动。符合自己的利益就立即行动，不符合自己利益就停止行动。或许有人问：敌军甚众，且又整肃，将向我进攻，我该如何对付他？回答是：先干掉敌人所珍爱所依恃的方面，那么，敌人就被动屈从了。用兵的情理是以神速为主，乘敌人措手不及的时机，经由敌人料想不到的道路，攻击敌人未加戒备的地方。

原文 凡为客之道①：深入则专②，主人不克③；掠于饶野，三军足食；谨养而勿劳④，并气积力⑤；运兵计谋⑥，为不可测⑦。投之无所往⑧，死且不北⑨，死焉不得，士人尽力⑩。兵士甚陷则不惧⑪，无所往则固⑫；深入则拘⑬，不得已则斗。是故其兵不修而戒⑭，不求而得⑮，不约而亲⑯，不令而信⑰，禁祥去疑⑱，至死无所之⑲。吾士无余财，非恶货也⑳；无余命，非恶寿也㉑。令发之日，士卒坐者涕沾襟，偃卧者涕交颐㉒，投之无所往者，诸、刿㉓之勇也。

注释 ①为客之道：进攻部队的用兵规律。客：外来人。这里指进攻的一方。下文的"主"与"客"相对，指被进攻一方。古兵法中"主""客"均指此。

②深入则专：深入敌境则士卒心志专一。

③主人不克：被进攻者不能胜我。梅尧臣曰："为客者，入人之地深，则士卒专精，主人不能克我。"

④谨养而勿劳：认真养练休整，勿使疲劳。

⑤并气积力：鼓舞士气，积蓄力量。并：合并，此为鼓舞、激励之意。

⑥运兵计谋：部署兵力，设计谋略。运：调动，部署。计：筹划，设计。

⑦为不可测：谓使敌莫测。为：动词，做成，做到。

⑧无所往：即无路可走。"投之无所往"，犹言置之死地。

⑨死且不北：宁死也不败退。且：尚且。

⑩死焉不得，士人尽力：诸家皆如此断句，且训"得"为"得胜""得志""得用命"。宋郑友贤《孙子遗说》则谓："诸家断为二句者，非武之本义也。"此说甚是。断为二句，于义未安，当连为一句，谓"死焉不得士人尽力？"即置于死地士卒必人人尽力之意。若如此，上下文意乃顺。

⑪兵士甚陷则不惧：言兵士深陷于危难之中，那么，反而无所畏惧了。张预曰："陷在危亡之地，人持必死之志，岂复畏敌也？"

⑫固：坚固，指人心坚固，无存他想。

⑬拘：缚也。此喻士卒依附而不敢离散如拘缚之状。

⑭不修而戒：不待休整而自戒备。杜牧曰："不待修整而自戒慎。"张预曰："不修整而自戒慎。"

⑮不求而得：不待征求而情意已得。梅尧臣曰："不索而情自得。"张预曰："不求索而得情意。"一谓意为"不待要求而得士人尽力"，并存。

⑯不约而亲：不待约束而自亲和。梅尧臣曰："不约而众自亲。"

⑰不令而信：不待号令而自信从。

⑱禁祥去疑：迷信活动停止了，疑惑消除了。梅尧臣注："妖祥之事不作，疑惑之言不入。"祥：本"福"义，然"统言之灾亦谓之祥"（见《说文》段玉裁注）。《汉书·五行志》："妖孽自外来者谓之祥。"《左传·僖公六年》"是何祥也"，即指何征兆。此处泛指预兆吉凶的迷信活动。

⑲之：动词，往。

⑳无余财，非恶（wù）货也：言兵卒毁弃财物，不携带必需品以外之物，非不爱财物，实乃性命不保，何惜财物？梅尧臣曰："不得已竭财货。"

㉑无余命，非恶寿也：言不顾性命去拼死搏斗，并非不愿长寿，实乃身陷死地，不得不舍命以求生也。梅尧臣曰："不得已尽死战。"

㉒偃卧：仰卧。颐：面颊。

㉓诸刿：专诸、曹刿。春秋时著名勇士。专诸，春秋吴国堂邑人。吴公子光阴谋杀吴王僚而自立，伍子胥窥测其意而荐专诸于公子光，光使专诸藏匕首于炙鱼腹中，乘进献时刺吴王僚，立死，专诸亦被吴王僚卫士所杀。曹刿，即曹沫，春秋鲁国人，事鲁庄公。齐桓公与鲁庄公会盟于柯（今山东东阿），曹沫执匕首登坛劫齐桓公，迫使其归还所侵之鲁地。二者事详见《史记·刺客列传》。

译文 大凡进入敌国境内作战的一般规律是：深入敌人腹地，士卒们心志专一，敌人不能战胜我；掠夺敌人富饶的乡野，三军的粮食给养就充足了；认真养练部队，不使他们疲劳，鼓舞士气，积聚力量；部署兵力，设计谋略，要使敌无法测知我方虚实、意图。把士卒置于无路可走的境地，至死也不会败退，死都不怕，士卒自然人人尽力作战。士卒真正深陷危亡之境就无所畏惧，无路可走时反而军心稳固；入敌境纵深之地，士卒自然依附而不敢涣散，在不得已的情况下，必然会拼死战斗。因而，在这种情况下，军队不用整治，也会加强戒备；不用征求，下情自然上达；不用约束，也能亲和互助；不用申令也能遵纪守法；迷信活动自然停止，士兵也不再疑虑，至死也不会逃逸。士卒们不留多余的财物，不是他们厌恶财物；士卒们不顾生命危险，不是他们不想活命。作战命令发布的时候，士卒们坐着的泪湿衣襟，仰卧的泪流满面，一旦把他们置于无路可走的境地时，便都有专诸、曹刿一般的勇敢了。

原文 故善用兵者，譬如率然①；率然者，常山②之蛇也。击其首则尾至，击其尾则首至，击其中则首尾俱至。

敢问：兵可使如率然乎？曰：可。夫吴人与越人相恶也，当其同舟而济，遇风，其相救也如左右手。是故方马埋轮③，未足恃也；齐勇若一，政之道也④；刚柔皆得，地之理也⑤。故善用兵者，携手若使一人⑥，不得已也。

注释

①率然：古代传说中的一种蛇。《神异经·西荒经》："西方山中有蛇，头尾差大，有色五彩。人物触之者，中头则尾至，中尾则头至，中腰则头尾并至，名曰率然。"

②常山：恒山。五岳之北岳，在山西浑源南。西汉时为避讳汉文帝刘恒的"恒"字，改为常山。北周武帝时，又改称恒山。汉简作"恒山"。

③方马埋轮：古车战时代，其阵外围为战车所排列，犹如车之城垣，有时为求阵势稳固，将马缚住，将车轮深埋起来，使阵不易被敌冲破，此做法称为方马埋轮。《楚辞·国殇》："霾两轮兮絷四马，援玉枹兮击鸣鼓。"正指这种状况。曹操注："方，缚马也。埋轮，示不动也。此言专难不如权巧。故曰方马埋轮，不足恃也。"杜牧曰："缚马使为方阵，埋轮使不动，虽如此，亦未足称为专固而足为恃。"

④齐勇若一，政之道也：言三军齐勇如一人，靠的是军政之道严明，即治军有方。梅尧臣曰："使人齐勇如一心而无怯者，

得军政之道也。"

⑤刚柔皆得，地之理也：强者和弱者都能充分发挥战斗力，是巧妙地借助地形使然。王晳曰："刚柔，犹强弱也。言三军之士，强弱皆得其用者，地利使之然也。"

⑥携手若使一人：张预注谓"三军虽众，如提一人之手而使之，言齐一也。"

译文　善于用兵的人，他指挥的部队就如"率然"一样。"率然"，是常山的一种蛇。击它的头部，它的尾部弹过来救应；击它的尾部，它的头部弹过来救应；击它的腰部，它的头尾一齐弹过来救应。或许有人问：军队可指挥得像率然一样吗？回答是：可以。吴人与越人是相互仇视的，当他们同船过渡突遇大风时，他们相互救助起来如同左右手。因此，缚马埋轮，是不足以倚恃的稳定军阵的办法；三军严整、勇敢如一人，靠的是治军有方；勇敢的人和怯弱的人都得以发挥其战斗力，靠的是巧妙地运用地形。所以，善于用兵的人，能使部队携手如同一个人一样服从指挥，是将部队置于不得已的情况下形成的。

原文　将军①之事：静以幽②，正以治③。能愚士卒之耳目，使之无知。易其事，革其谋，使人无识④；易其居，迁其途，使人不得虑⑤。帅与之期，如登高而去其梯⑥；帅与之深入诸侯之地而发其机⑦，焚舟破釜，若驱群羊，驱而往，驱而来，莫知所之。聚三军之众，投之于险，此谓将军之事也。九地之变，屈伸之利，人情之理⑧，不可不察。

注释

①将（jiàng）军：率军，统兵，领兵。

②静以幽：沉静而深邃。张预曰："其谋事，则安静而幽深，人不能测。"

③正以治：公正而有条理。张预曰："其御下，则公正而整治，人不敢慢。"

④此句梅尧臣注："改其所行之事，变其所为之谋，无使人能识也。"

⑤此句梅尧臣注："更其所安之居，迁其所趋之途，无使人能虑也。"

⑥帅与之期，如登高而去其梯：梅尧臣注曰，"可进而不可退也"。期：见《行军篇》"奔走而陈兵车者，期也"注。

⑦帅与之深入诸侯之地而发其机：言将帅率兵深入重地后抓住战机，发动攻势。"发其机"参见《势篇》"势如弩，节如发机"注。

⑧九地之变，屈伸之利，人情之理：九地作战原则的灵活运用，或屈或伸的利害关系，"深入则专"等士卒心理变化规律。张预曰："九地之法，不可拘泥，须识变通，可屈则屈，可伸则伸，审所利而已。"王皙曰："明九地之利害，亦当极其变耳。言屈伸之利者，未见便则屈，见便则伸。言人情之理者，深专、浅散、围御之谓也。"屈伸：屈曲与伸展，军事上指攻守进退。

译文　统帅军队这种事，要沉着镇静而幽密深邃，公平严正而整肃有方。能蒙蔽士卒的耳目，使他们无知。常改变所行之事，常变更所设之谋，使人无法识破用意；驻扎常变地方，行军常迂回绕道，使人无法捉摸真实意图。将帅给部队下达战斗命令，像登高抽去梯子一样，使士卒有进无退；将帅与士卒深入诸侯重地，捕捉战机，发起攻势，焚舟毁桥，砸烂锅灶，像驱赶群羊一样，赶过去，赶过来，没有谁明白到底要到哪里去。聚集三军之众，将他们置于危险的境地，这就是领兵作战的职责。各种地形的灵活运用，攻守进退的利害关系，士卒在不同环境中的心理变化规律，不能不认真加以考察。

原文　凡为客之道：深入则专，浅则散。去国越境而师者，绝地①也；四达者，衢地也；入深者，重地也；入浅者，轻地也；背固前隘②者，围地也；无所往者，死地也。是故散地，吾将一其志③；轻地，吾将使之属④；争地，吾将趋其后⑤；交地，吾将谨其守；衢地，吾将固其结；重地，吾将继其食；圮地，吾将进其途；围地，吾将塞其阙⑥；死地，吾将示之以不活。故兵之情，围则御，不得已则斗，过则从⑦。

注释　①绝地：指与本国隔绝的作战地。九地实不止"九"，前文举九类以应"九"，此处出绝地，汉简本还出"穷地"，实为正常。作者分类标准各异，有的以距国远近分，有的以作战便利与否分，有的以地貌特点分，其类与类之间往往是相容的，如无论是绝地、重地、轻地、散地均可能有圮地、围地、死地。

②背固前隘：背后险固，前路狭隘。梅尧臣曰："背负险固，前当厄塞。"张预曰："前狭后险，进退受制于人也。"

③一其志：统一士众心志。一：用作使动词，使……统一。

④属：连续。

⑤趋其后：紧紧地从后驱赶部队快速前进。争地志在必得，故需驱赶以疾进。"趋其后"的"其"与"一其志""使之

属""谨其守""固其结""继其食"等的"之""其"一样，均指代所率部队。汉简此句作"争地，吾将使不留"，使之不停留地前进，意思与此相近。

⑥塞其阙：即塞其缺，言堵住生路，使士卒死战。

⑦过则从：陷于险境十分深重则无不听从。孟氏曰："甚陷则无所不从。"过：过度，过分，言陷之过分。

译文 大凡进入敌国作战的规律是：进入敌境越深，军心越专一；越浅，士卒越容易离散。离开本土穿越边境去敌国作战的地方叫绝地，四通八达的战地为衢地，进入敌境纵深的地方叫重地，进入敌境不远的地方叫轻地，背靠险固前路狭窄的地方叫围地，无路可走的地方叫死地。因此，在散地，我将很好地统一士卒心志；在轻地，我将注意使部队保持连续；遇争地，我将紧紧地从后驱赶部队快速前进；在交地，我就要谨慎地加强防守；在衢地，我将巩固与加强同诸侯国的联系；在重地，我将注意保证军需粮饷的不断供应；在圮地，我将率部迅速通过；在围地，我将堵住可逃生的缺口；在死地，我将向士卒表示必死的决心。所以，士兵的心理变化规律是：被包围就会合力抵御，不得已时就会殊死奋战，陷于深重危难境地就非常听

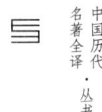

从指挥。

原文

是故不知诸侯之谋者，不能预交；不知山林、险阻、沮泽之形者，不能行军；不用乡导者，不能得地利。四五者①，不知一，非霸王之兵也。夫霸王之兵，伐大国，则其众不得聚；威加于敌，则其交不得合②。是故不争天下之交，不养天下之权③，信己之私，威加于敌④，故其城可拔，其国可隳⑤。施无法之赏，悬无政之令⑥，犯⑦三军之众，若使一人。犯之以事，勿告以言；犯之以利，勿告以害。投之亡地然后存，陷之死地然后生。夫众陷于害，然后能为胜败⑧。故为兵之事，在于顺详敌之意⑨，并敌一向⑩，千里杀将，此谓巧能成事者也。

注释

①四五者：大凡这四五个方面的事。四五：相邻数词连用表约数。前已原文照引《军争篇》三句，接以"四五者"，乃包括未引之"兵以诈立，以利动，以分合为变"等，因已提了头，未全部引用，故以"四五"以示当节所提几事。

②威加于敌，则其交不得合：兵威指向敌国，他国惧我之威，不敢与该敌国结交，故言"其交不得合"。

③不争天下之交，不养天下之权：不争着与天下诸侯结交，

也不培养哪个大国的权势。因我为霸王之兵，要横扫天下。杜牧注为："言不结邻援，不蓄养机权之计，但逞兵威加于敌国。"

④信己之私，威加于敌：伸展自己对民众的偏爱，兵威指向敌人。信（shēn）：同"伸"。私：偏私，偏爱。前句言使国内万众一心，后句言以兵刃指向敌国。《新注》谓"信己之私"为"依靠自己的力量，不必求助于他国"，并存。

⑤隳（huī）：毁。

⑥无法之赏：法外之赏，犹言破格之奖赏。无政之令：政外之令，即非常的政令。

⑦犯：干也，此为驱使、任用之意。

⑧为胜败：决定胜败、主宰胜败，犹言主动地极力争取战争胜利。一可以"胜败"为偏义复词"胜"。

⑨顺详：即顺佯，假装顺从。顺佯敌之意，即假装顺从敌人的意图。一说"顺"通"慎"，详训"审"即审慎考察敌人意图之谓。并存。

⑩并敌一向：即同仇敌忾一致向敌之谓。曹操注："并兵向敌。"

译文　不清楚各诸侯国企图的人，不能参与外交；不熟悉山林、险阻、沼泽等地形及其运用原则的人，不能领军作战；不用向导的人，得不到有利的地形。类似这四五个方面的事，有一个方面不知道，就不能算霸王的军队。所谓霸王的军队，攻伐大国，迅猛得使敌国无法及时调动民众与集结军队；兵威指向敌人，那么敌人的外交就无法成功。因而，不必争着与任何国家结交，也不随便培植他国的权威，多多施恩于自己的民众、士卒，把兵刃指向敌国，那么，敌国城池可拔，国都可毁。实行破格的奖赏，颁发非常的政令，驱使三军部队像使唤一个人一样。授以任务，不说明意图；告诉他有利的条件，不告诉他危险的一面。把士卒投入危亡境地，士卒才会拼死奋战获得生存，士卒陷于死地，必然舍命奋战以求生。兵士们陷入危险境地，才能主动地奋力夺取胜利。领兵作战这种事，就在于假装顺着敌人的意图，我则集中精锐兵力指向敌人一处，哪怕奔袭千里也可斩杀敌将，这便是通常说的机智能成就大事。

原文　是故政举之日①，夷关折符②，无通其使，厉于廊庙之上③，以诛其事④。敌人开阖⑤，必亟入之。先其所爱⑥，微与之期⑦。践墨随敌⑧，以决战事。是故始如处女，敌人开户⑨；后如脱兔，敌不及拒。

注释　①政举之日：决定实施战争的时候。政：军政，这里指战争。举：实施，施行。

②夷关折符：封锁关口，废除通行凭证。夷：平。《左传·成公十六年》："将塞井夷灶而为行也。"这里表封闭、封锁。符：古代传达命令、通信联络的信物，是用竹木或铜制成的牌子。上刻图文，剖为两半，主客方各执一半，使者所持与主方合，即"合符"，使者可信。

③厉于廊庙之上：于廊庙之上反复分析、研究。厉：磨，这里指反复分析、研究。

④诛其事：决定这一大事。诛：治，这里指决定、谋划。

⑤开阖：开门，以喻可乘之隙。曹操注："敌有间隙，当急入之也。"是。阖：门。

⑥先其所爱：即"先夺其所爱"。

⑦微与之期：不要与敌人约期交战。微：无。

⑧践墨随敌：实施作战计划要随敌情变化而灵活处置。践：实行，实施。墨：既定计划。一说，"墨"指军事原则，"践墨随敌"为运用军事原则应根据敌情灵活变通。

⑨开户：同"开阖"。这里喻放松戒备，亦喻可乘之隙。

译文　决定实施战争的时候，就封锁关口，废除通行凭证，停止与敌国的使节往来。在庙堂上反复研讨，制定战

争计划。敌人出现可乘之隙，一定马上攻入，首先夺
取敌人所心爱的部位，不要与敌约期决战。执行作战
计划一定要随敌情变化而灵活处置，来争取战争的胜
利。因而，开始要像处女一般沉静，使敌人放松戒
备，然后突然发动攻击，如同脱逃的兔子一般敏捷，
使敌人来不及抗拒。

火攻篇

题解　火攻，在火药未被发明的冷兵器时代，已成为战争中一种特殊而有效的进攻手段。虽是辅助进攻的手段，仍不失为重要的作战方法之一。随着火药的发明，火攻愈来愈在战争中显示威力，以至取代冷兵器成为占统治地位的进攻手段。孙子在两千多年前火攻处于原始、萌芽状态时，发现了火攻的重要作用，专辟一章论述。虽然受当时火攻实践水平所限，论述较为简略，但已足见作者的重视，此举不能不说是独具慧眼。本篇论述了火攻的种类、条件和实施方法，较早地在兵法上记述了古代军事利用天文、气象的可贵资料，这些记述也是对《计篇》"道、天、地、将、法"中"天"的条件内容的进一步阐发，篇末强调了国君与将帅对战争要慎重从事，指出"主不可以怒而兴师，将不可以愠而致战"，这一思想在十三篇中是一脉相承的，尤与首篇首句相呼应。在汉简本中，《火攻》为末篇，此语可看作全书结束警语。这种重视战争而又慎重用战的思想是极为可贵的，这一精辟论述已成为军事学上的至理名言。

原文　孙子曰：凡火攻有五，一曰火人①，二曰火积②，三曰火辎，四曰火库③，五曰火队④。行火必有因⑤，烟火必素具⑥，发火有时，起火有日⑦。时者，天之燥也；日者，月在箕、壁、翼、轸⑧也。凡此四宿者，起风之日也。

注释

①火人：焚烧营栅、人马。李筌曰："焚其营，杀其士卒也。"杜牧曰："焚其营栅，因烧兵士。"

②火积：焚烧积聚的粮草。积：委积，见《军争篇》"军无委积则亡"注。梅尧臣曰："焚其委积，以困刍粮。"

③火库：焚烧敌方武库。

④火队：焚烧敌人运输设施。队（suì），通"遂"，指道路。这里泛指敌交通要道设施。

⑤行火必有因：实施火攻必须具备一定条件。因：条件。

⑥烟火必素具：发火器材必须平日准备好。曹操曰："烟火，烧具也。"

⑦发火有时，点火有日：发动火攻要有一定天时，具体点火要有恰当日子。

⑧箕、壁、翼、轸：均为二十八星宿之一。上古时代，人们把自然看得很神秘，又由于农业生产的需要，于是特别重视观测天象，二十八宿便是当时妇孺皆知的天文知识。箕为东方苍龙七宿之一，壁为北方玄武七宿之一，翼、轸为南方朱

雀七宿之二。古人通过长期观察，月亮与这些星宿运行到一起的日子，一般多风，这可看作上古气象资料。李筌曰："《天文志》：月宿此者多风。"

译文 孙子说：火攻有五种，一是焚敌营栅人马，二是焚敌"委积"，三是焚敌辎重，四是焚敌武库，五是焚敌交通要道设施。实施火攻需具备一定条件，点火器材必须平日准备好。发动火攻要依据一定天时，具体点火要有恰当日子。所谓天时，指气候干燥的时期；所谓恰当的日子，就是月亮运行到箕、壁、翼、轸四星所在位置的日子。大凡月亮运行到这四个星宿的日子，都是风起的日子。

原文 凡火攻，必因五火之变而应之。火发于内，则早应之于外。火发兵静者，待而勿攻。极其火力①，可从②而从之，不可从而止。火可发于外，无待于内，以时③发之。火发上风，无攻下风。昼风久④，夜风止。凡军必知有五火之变，以数守之⑤。

注释 ①极其火力：使其火力至极点，即火力最旺时。极：作使动词。

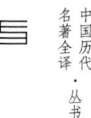

②从：从攻，随火而攻。

③时：时机，即"天之燥"及"月在箕、壁、翼、轸"。

④昼风久：各本皆如是。刘寅《武经七书直解》引张贲说云：
"久字，古从字之误也。谓白昼遇风而发火，则当以兵从之；
遇夜风而发火，则止而不从，恐彼有伏，反乘我也。"张贲
之说甚是，如此，则于此节文字大顺。原为"白天风刮久了，
晚上风就停止"，甚觉突兀不顺。译文作"昼风从，夜风止。"

⑤以数守之：即按火攻应遵循的自然规律紧紧地把握住火攻
的时机。数：规律，自然之理。

译文　大凡火攻，一定根据五种火攻所引起的情况变化采取
相应的策应措施。从敌方内部放火，则早派兵在外策
应。火已烧起敌兵仍镇静的，要等待观察，不要急于
进攻。待到火势最旺时，可进攻就进攻，不可进攻就
停止。火也可从外施放，不必等待内应，按准确的时
机发火就行。火施放在上风，不要从下风进攻。白天
发火以兵从攻，晚上发火不要从攻。大凡领导作战一
定要熟悉五种火攻所引起的情况变化，并根据火攻应
遵循的自然规律紧紧把握住火攻的时机。

原文　故以火佐攻者明，以水佐攻者强①。水可以绝，不可

以夺②。

——
注释 ①以火佐攻者明,以水佐攻者强:各家多以"明""强"形容
攻之效果,释"明"为"明白""显著"。一说"明""强"当
指施攻者,"明,为"高明""机敏"。并存之。译文从后说。
②绝:隔绝。夺:剥夺。杨炳安《孙子会笺》按此句应作"火
可以夺","不""火"古文形近易误。于义较顺,存之。

——
译文 用火来辅助进攻者高明,以水来辅助进攻者强大。水
可以阻隔敌人,但不如火攻那样直接剥夺敌军实力。

——
原文 夫战胜攻取而不修其功①者凶,命曰费留②。故曰:
明主虑之,良将修之③。非利不动,非得不用,非危
不战。主不可以怒而兴师,将不可以愠而致战。合于
利而动,不合于利而止。怒可以复喜,愠可以复悦,
亡国不可以复存,死者不可以复生。故明君慎之,良
将警之,此安国全军之道也。

——
注释 ①修其功:建立其功业。修:修治。功:功业。此句旨在强
调不要只是一味求胜,更应讲究战胜攻取后的效果,要能因
之建立某种功业,否则是白费力气。各家多注"修其功"为

奖赏有功。存之。

②费留：白费力气，自费战争资财。曹操注："若水之留，不复还也。"

③良将修之：谓良将应很好地研究这个问题。"修"与前句之"虑"，下文"良将警之"之"警"意近。

译文

仗打胜了，城攻取了，但不能因之建立功业、巩固政权，那是危险的，这叫白费力气。因此说，英明的君主应该好好考虑这个问题，贤良的将帅应该认真研究这个问题。不是于国有利就不要采取军事行动，没有必胜的把握就不要用兵，不是处于危险境地就不要交战。君主不可因为一时愤怒而发动战争，将领也不能因为一时恼火而命令作战。合于国家长远利益就行动，不符合国家长远利益就停止。愤怒过后可以重新高兴，恼怒过后可以重新喜悦，但灭亡了的国家却不可再存在，死了的人也不可能再活过来。因而，明智的君主应慎重地对待这个问题，优良的将帅应该警惕这个问题，这是安定国家保全军队的根本原则啊！

用间篇

本篇论述间谍的重要性、种类和使用方法，提出了先知"不可取于鬼神，不可象于事，不可验于度，必取于人"的唯物主义观点。用间，是战争中的战略侦察手段，孙子给予极高评价，极其重视，也辟专章论述，这是源于其"知彼知己，百战不殆"的一贯思想。作者认为，彼方情实"不可取于鬼神，不可象于事，不可验于度"，必取于"知敌之情"者，因而，应不惜爵禄百金而用间，否则为"不仁之至"。孙子还强调用间要"微妙""圣智"，否则"不能得间之实"，并要注意选择"上智"为间。这些，至今仍有借鉴意义。

原文

孙子曰：凡兴师十万，出征千里，百姓之费，公家之奉①，日费千金；内外骚动，怠②于道路，不得操事者七十万家③。相守数年，以争一日之胜，而爱爵禄百金④，不知敌之情者，不仁之至也，非人之将⑤也，非主之佐⑥也，非胜之主⑦也。故明君贤将，所以动而胜人，成功出于众者，先知也。先知者，不可取于鬼神，不可象于事⑧，不可验于度⑨，必取于人，知敌之情者也。

注释

①公家之奉：与"百姓之费"对言，指国家的开支。

②怠：疲惫。

③不得操事者七十万家：春秋军赋为甸出甲士步卒七十五人，甸六十四井，计五百七十六户，征甲士步卒十万人，则计七十余万户，此言整数。谓出兵十万则有七十万户为之奔忙而不能一心耕作。

④爱：吝啬。爵禄百金：爵位、俸禄、各种金玉宝器。此句与下句即谓由于吝啬爵禄百金而不雇用间谍，以致不了解敌之内情。

⑤非人之将：汉简作"非民之将"。言不配为军队之将领。

⑥非主之佐：言不配为君主的辅佐。

⑦非胜之主：言不是胜利的主宰者。

⑧象于事：以往事类比。象：类比。杜牧曰："象者，类也。言不可以他事比类而求。"

⑨验于度：用天命、因果轮回等观念去验证。度：度数，同"历数""运数""气数"，这里指以阴阳星相等推知未来的迷信手段。

译文

孙子说：大凡出兵十万，出征千里，百姓的耗费，公家的开支，每日耗资千金；国家内外动荡，人们疲惫地奔波于道路，不能安心从事耕作的达七十万家。相持数年来争夺一朝的胜利，却因吝啬爵禄金银，不愿使用间谍，以致不知敌方情实的人，是不懂仁爱到了极点啊！这种人，不配为军中统帅，不配为君主的辅臣，也不是胜利的把握者。英明的君主，贤能的将帅，之所以动辄就能战胜敌人，成就高于一般的人，就在于他们事先了解敌情。要事先了解敌情，不可从鬼神取得，不可从往事中去类比，也不能用度数去应验，一定只能从人的口中得知，这种人，就是了解敌情的人。

原文　故用间有五：有因间①，有内间，有反间，有死间，有生间。五间俱起，莫知其道②，是谓神纪③，人君之宝也。因间者，因其乡人而用之。内间者，因其官人而用之。反间者，因其敌间而用之。死间④者，为诳事于外，令吾间知之，而传于敌间。生间者，反报也。

注释　①因间：利用敌国乡人做的间谍。十家注及《武经七书》本均作"因间"，刘寅《武经七书直解》谓作"乡间"。又张预曰："此五间之名，因间当为乡间。故下文云：乡间可得而使。"
②莫知其道：没有谁知道其中底细。

③神纪：一说，为神妙之纲纪。梅尧臣曰："五间俱起以间敌，而莫知我用之之道，是曰神妙之纲纪。"张预注："兹乃神妙之纲纪。"又一说，杨炳安《孙子会笺》："是谓神纪即是谓神矣，言此乃高明者也。"并存之。

④死间：大多注家以为，我故意泄露假情报，让我间知道后传给敌间或敌人，事发后则会被处死，故称死间。按，若此，此间并非我之心腹，其情报竟不为我授，而为其自窥测。张预则认为："欲使敌人杀其贤能，乃令死士持虚伪以赴之，吾间至敌，为彼所得，彼以诳事为实，必俱杀之。"此说有理。所谓"令吾间知之"者乃令吾间知"为诳事"，下文明言"可使告敌"，并非间者自窥测而自以为实。此间乃"死士"，非不坚定分子被我借敌杀之。

译文

使用间谍有五种：有因间，有内间，有反间，有死间，有生间。五种间谍一齐使用，没有谁能知道其中奥秘，这便可称为一条神妙的纲纪，是国君的法宝。所谓因间，就是利用敌国乡人为间谍。所谓内间，就是利用敌国朝内官员做间谍。所谓反间，就是利用敌方派来的间谍，使之反过来为我效力。所谓死间，就是故意在外散布假情况，让我方间谍明白并有意识传给敌间。所谓生间，就是能亲自回来报告敌情的间谍。

原文　故三军之事①，莫亲于间，赏莫厚于间，事莫密于间。非圣智不能用间，非仁义不能使间，非微妙不能得间之实。微哉！微哉！无所不用间也。间事未发，而先闻者②，间与所告者皆死。

注释　①事：当为"亲"字之误。汉简本、《通典》《太平御览》此句均为"亲"字，且只有作"亲"，于文意乃顺。

②间事未发，而先闻者：谓我用间所谋之事未行而走漏了风声的。先闻：事未行而先被人知道。

译文　军中的亲信，没有比间谍更亲密的了；军中的奖赏，没有比对间谍的奖赏更丰厚的了；军中的机密事务，没有比用间更为机密的了。不是英明睿智的人不能任用间谍，没有仁义的德行不足以驱使间谍，没有精微神妙的分析判断能力不能得到真实的情报。微妙啊，微妙啊，无处不用间谍。用间所谋之事未行却先被人知道，间谍以及他所告诉的人都要被处死。

原文　凡军之所欲击，城之所欲攻，人之所欲杀，必先知其守将①、左右②、谒者③、门者④、舍人⑤之姓名，令吾间必索知之。必索敌人之间来间我者，因而利之，导而舍之⑥，故反间可得而用也；因是而知之，故乡间、内间可得而使也；因是而知之，故死间为诳事，可使告敌；因是而知之，故生间可使如期⑦。五间之事，主必知之，知之必在于反间，故反间不可不厚也。

注释

①守将：镇守之主将。

②左右：身边的亲信。

③谒（yè）者：古代负责传达、通报的官员。《礼·曲礼》郑注："谒者主宾客告请之事。"即接待宾客并向主官传达报告的官员。

④门者：负责守门的官吏。

⑤舍人：门客幕僚。

⑥因而利之，导而舍之：趁机以重利收买，引导其为我所用，然后释放他。一说"舍"为居止、稽留。

⑦使如期：如期返报。

译文

凡是要攻击某敌军，夺取某城邑，斩杀敌方某重要人员，一定要事先了解敌方主管将帅、左右亲信、传达报告的官员、守门的官吏、门客幕僚诸人的姓名，命令我方间谍一定查探清楚。一定要查出敌方派来的间谍，获得后以重金收买，诱导他为我所用，这样，反间就可以得到使用了。从反间了解情况，就能从敌方找到恰当人选，乡间、内间就可得到使用了。从反间那里了解了情况，死间就可散布假情报，并可让他告诉敌人。由于从反间了解情况，避开了危险，生间就可如期回报。五种间谍的情况，主君必须掌握，掌握这些情况的关键在于反间。所以反间的待遇不能不特别优厚。

原文

昔殷之兴也，伊挚在夏①；周之兴也，吕牙在殷②。故惟明君贤将，能以上智为间者，必成大功。此兵之要，三军之所恃而动也。

注释

①殷：殷代。公元前十七世纪，商汤灭了夏朝后建立的奴隶制国家，建都亳（今河南商丘），史称商代；后来商王盘庚迁都到殷（今河南安阳小屯村），因称殷，亦称殷商。夏：夏启所建立的奴隶制王朝，建都安邑（今山西闻喜东南）、阳翟（今河南禹县）等地，传到桀，为商汤所灭。伊挚：即伊尹，一名阿衡。初为汤妻有莘氏的陪嫁奴隶，后汤发现其才能，任以国政。汤灭夏前，伊尹曾去夏做过一段时间间

谍，摸清夏的实情后，回汤之都亳。后佐汤灭夏。《史书·殷本纪》："伊尹名阿衡。阿衡欲奸汤而无由，乃为有莘氏媵臣……汤举以国政。伊尹去汤适夏。既丑有夏，复归于亳。"奸：干也，求也。

②周：公元前十一世纪，周武王灭商后建立的奴隶制王朝，建都镐京（今陕西西安）。吕牙：即吕望、太公望、姜子牙。初见文王于羑里，在献计使文主获释后，仍留于朝歌、孟津间"宰牛""市饭"，实为间谍。摸清讨伐商纣王的必要情况后，接着便佐周文王、武王灭商。（详见戴乐志《姜太公考——〈史记·齐太公世家探疑〉》，载《中华文史论丛》1980年第三辑）

译文　从前，殷代兴起之际，伊挚在夏当间谍；周代兴起之时，姜子牙在殷搜集情报。因此，明君贤将中，能任用有高超智谋的人为间谍者，一定能成就大的功业。这是用兵的要务，三军就依靠着这些情报而决定行动啊！

附录

竹简孙子兵法释文

〔计〕

〔□□〕曰：兵者，国之大事也。死生之地，存亡之道，不可不察也。故轻（经）之以五，效之以计，以索其请（情）。一曰道，二曰天，三曰地，四曰将，五曰法。道者，令民与上同意者也，故可与之死，可与之生，民弗诡也。天者，阴阳、寒暑、时制也，顺逆、兵胜也。地者，高下、广陕（狭）、远近、险易、死生也。将者，知（智）□ …… 曲制、官道、主用也。凡此五者 …… 孰能？天地孰得？法〔□□□□□〕孰强？士卒孰练？赏罚孰明？吾以此知胜 …… 用而视（示）之不用，近而视（示）之远，〔远〕而视（示）之近。利而诱之，乱而取之□〔□□□□□〕□之，怒而诮（挠）之，攻其 …… 少□□□无筭 ……

〔作 战〕

作战①

孙子曰：凡用兵之法，驰□千驷 …… 里而馈饟（粮）。则外内 …… 车甲之奉，曰□□□内□ …… 用战，胜久则顿（钝）…… 起，虽知（智）者，不能善其后矣。故 …… 未有也。故不尽于知用兵 …… 饟（粮）于敌〔□□〕食可足也。国之贫于师者，远者远输则百姓贫；近市者贵□□□□则□及丘役。屈力中原，内虚于家。百〔□□〕费，十去其六 …… 石。故杀适（敌）□ …… 车战 …… 卒共而养之，是胃（谓）胜敌而益强。故 ……

注释

①原注：此是篇题，写在简背。

〔谋 攻〕

…… 其下攻城，〔攻〕城之法，修橹 …… □□三月而止距闉有（又）三月然 …… 戈（残）也。故善用兵者，诎（屈）人之兵而非战〔□□□□□□〕而非攻也，破人之国而非 …… 天下，故 …… 战之 ……

所以患军……瀄（既）疑，诸侯之……知何而战
与不可而战，胜。知众……以虞待不……故兵知
皮（彼）知已，百战不……

〔刑〕

（甲）

刑（形）①

孙子曰：昔善……适（敌）之可胜。不可胜在己，
可胜在适（敌）。故善者……□使适（敌）可胜。
故曰：胜可智（知）〔□〕不可为也。不可胜，守；
可胜，攻也。守则有余，攻则不足。昔善守者，臧
（藏）九地之下，动九……众人之所知，非善……
曰善，非□□也。举〔□□□□□〕力，视日月不为
明目，闻雷霆不为葱（聪）耳。所胃（谓）善者，胜
易胜者也。故善者之战，无奇〔□〕，无智名，无勇
功，敌其胜不贷（忒）。不贷（忒）者，……□□
胜□后战，败〔□□□〕而后求胜。故善者修道□□
法，故能为胜败正。法：一曰度，二曰量，三曰数，
四曰称，五曰胜。地……胜。胜兵如以洫（镒）称
朱（铢），败兵如以朱（铢）称洫（镒）。称胜者战

民也，如决积水于千那（仞）……

注释　①原注：此为篇题，写在简背。本篇残简，文字多有重复，可见不止一本。今根据书体风格整理为甲乙两个写本，此为甲本。

（乙）

……□适（敌）之可胜。不可胜在己，可胜在适（敌）。故善者能为不可胜……也。守则有余，攻则不足。昔善守者，臧（藏）九地之下，动九天之上，故……智（知），非善者也。战胜而天下曰善……易胜者也。故善〔□□□□〕奇胜，无智名，无〔□〕功，故其胜不贷（忒）。不贷（忒）者，其所错〔□〕胜败者也。善……败正。法：一曰度，二曰量，三曰数，四……生胜。胜兵如以洫（镒）称朱（铢），败兵如以朱（铢）称洫（镒）。称〔□〕者战民也，如决积〔□□□〕那（仞）之隙，刑（形）也。

〔势〕

埶（势）①

治众如治寡，分数是。斗众 …… 可使毕受适（敌）而无败，□正□〔□□□□〕如以段（碬）…… 穷如天地，无谒（竭）如河海。冬（终）而复始，日月是 …… 变不 ……… 之变，不可胜穷也。奇正环相生，如环之毋（无）端，孰能穷之？水之疾，至 …… 可败，乱生于治，胁（怯）生于愚（勇），弱生于强。治乱，数也；愚（勇）胁（怯），埶（势）也；强〔□□〕也。善动适（敌）者，刑（形）之，适（敌）必从之；〔□□□□〕取之。以此动之，以卒侍（待）之，故善战者，求之于埶（势），弗责于木石。木石之生（性），安则静，危则动，方则 ……

注释　①原注：此是篇题，写在简背。

〔实　虚〕

实虚①

先处战地而侍（待）战者失（佚），后处战地而趋战者劳。故善战者，致人而不〔□□〕人。能使适（敌）〔□〕至者，利之也。能使适（敌）…… 能劳之，饱能饥之者，出于其所必〔□□〕。□行千里而不畏，行无人之地也。攻而必〔□□□〕所不守也。守而必固，守其所□〔□□□□□〕者，适（敌）不知所守；善守者，适（敌）不知□□ …… 故能为适（敌）司命。进不可迎者，冲〔□□□□□〕可止者，远 …… 适（敌）不得不〔□□□〕者，攻其所 …… 之，适（敌）不得与我战者，胶其所之也。故善将者刑（形）人而无刑（形）〔□□〕槫而适（敌）分。我槫而为壹，适（敌）分而为十，是以十击壹也。我寡而适（敌）众，能以寡击□ …… 地不可知，则适（敌）之所备者多。所备者多，则所战者寡矣。备前 …… 者右寡，无不备者无不寡。寡〔□□□□□□〕众者，使人备己者也。知战之日，知战之地，千里而战。不〔□□□〕日，不知战之地，前不能救后，后不能救前，左不能救〔□□〕不能救左，皇（况）远者数十里，近者数里□ …… □□胜戈（哉）？故曰：胜可擅也。适（敌）唯（虽）众，可毋（斗）也。故绩之而知动□ …… 死生之地，计之〔□□〕得失之□，□之〔□□〕余不足之□。刑（形）兵之极，至于无

刑（形），〔无刑（形）〕，则深间弗能规（窥）也，
知（智）者弗能谋也。因刑（形）而错胜□ …… 制
刑（形）。所以胜者不 …… 兵刑（形）象水，水行
辟（避）高而走下，兵胜辟（避）实击虚。故水因地
而制行，兵因敌而制胜。兵无成埶（势），无恒刑
（形），能与敌化之胃（谓）神。五行无恒胜，四时
〔□〕常立（位），日有短长，月有死生。神要②。

注释

①原注：此是篇题，写在简背。孙子篇题木牍有实□，应即
实虚。

②原注：神要二字上有圆点，疑是本篇之别名。也可能为读
者所记，表示此篇重要。

〔军　争〕①

以□为直，以患 …… 而诱之〔□□〕后人发，先人
至者，知汙（迂）直之计者也。军争为利，军事〔
□〕危。举军而争利则□不及，委军而〔□〕利则辎
重捐。是故紫（卷）甲 …… □十一以至；五十里而
争利，则厥（蹶）上将，法以半至；…… 军毋（无）
辎重〔□□〕粮食则亡，无委责（积）则亡。是故

不知诸侯之谋者，不 …… 能行军，不□乡（向）道
（导）…… 分利，县（悬）权而动。先知汙（迂）直
之道者〔□〕军争之法也。是故军 …… 鼓金。视不
相见，故为旌旗。是故昼战多旌旗，夜战多鼓金。〔
鼓金〕旌旗者，所以壹民之耳目也。民灂（既）已槫
（专）…… 将军可夺心□。…… 用兵者，辟（避）
其兑（锐）气 …… 劳，以饱侍（待）饥，此治力者
也。毋要癏癏之旗，毋击堂堂之陈（阵），此治变
者 …… 倍（背）丘勿迎，详（佯）北勿从，围师遗
阙，归师勿谒（遏），此用众之法也。四百六十五②

注释

①原注：孙子篇题木牍有军□，应即军争。

②原注：此数字写在篇末正文之下，标明全篇字数。

〔九　变〕

…… 地则战，…… 攻，地有所不争，□ …… 能得
地 …… 利，故务可信；杂于害，故忧患可 …… 将
有五〔□□□□〕杀。必生，…… 洁廉，可辱。爱
民，可 …… 危，不可不察也。

〔行 军〕①

…… 处高，战降毋登，…… 此处水上之军 …… 交军沂泽之中，依 …… 死后生，此处□ …… 凡四军之利，黄帝之 …… 无百疾，陵丘堤□处其阳，而右倍（背）之。此兵之利，地之助也。上雨水，水流至，止涉侍（待）其定〔□□□〕天井、天窖、天离、天超、天郄，必亟去之，勿〔□□□〕远之，敌近之。吾 …… □笔（苇）、小林、翳浍（荟）可伏匿者，谨复索之，奸之所处也。敌近而□者，恃其险也。敌远□ …… 进者，其所居者易 …… 军者也。□庳（卑）而备益者，进也。辞强而〔□〕殴（驱）者，退也。轻车先出居厕（侧）者〔□□□□□〕请和者，谋也。奔走陈兵者，期也。半进者，诱也。杖而立者，饥也。汲役先歆（饮）…… 而不进者，劳拳（倦）也。鸟□者，虚也。夜嘑者，恐也。军獿（扰）者，将不重也。…… 函（甄）者不反（返）其舍者，穷寇也。□□闲闲□言人者，失其众者也。数赏者，窘也。数罚者 …… 相去也，必谨察此。兵非多益，毋 …… 而罚之，则不服，不服则难用也。卒已槫亲而罚不行，则不用。故合之以交，济之以 …… 行，以教其民者，民服。素……

注释　①原注：孙子篇题木牍有行□，应即行军。

〔地　形〕①

注释　①原注：孙子篇题木牍上有□形一题，位置在九地之前，应即本篇篇题，但未发现此篇简文。

〔九　地〕①

……轻地，有争地，有交地，有瞿（衢）地，有重地，有泛地，□围地，有死地。诸侯战……而得天□之众者，为瞿（衢）。入人之地深，倍（背）城邑多者，为重。行山林、沮泽，凡难行之道者，为□……□寡可〔□□〕吾众者，为围。疾则存，不疾则亡者，为死。是故散〔□□□□〕轻地则毋止，争……则行，围地则谋，死地则战。所胃（谓）古善战者，能使适（敌）人前后不相及也。适（敌）众以正（整）将来，侍（待）之……听〔□□〕之请（情）主数（速）也，乘人之不给也……食；谨养而勿劳，并 …… 谋，为不可贼（测）。投之毋（无）所往，死且不北，死焉 …… 无所往则 …… 所往则斗。是故不调而戒，不 …… 非恶货也；无余死，非恶寿也。令发〔□□〕士坐者涕□□，卧〔□□□□〕投之无所往者，诸刿之勇也。故善用军者，辟（譬）如卫然，卫然者，恒山之 …… 击其尾则首至，击其中身则首尾俱至。敢问□可使若卫然虏（乎）？曰：可。越人与吴人相恶也，当其同周（舟）而济也，相救若□ …… 齐勇若一 …… □已也。将军之事 …… 之耳目，使无之。易其事〔□□□〕使民无识。易其□，于（迁）其□，使民不得 …… 入诸侯之地，发其几（机），若殴（驱）群 …… 变，讪（屈）信（伸）之利，人请（情）之理，不可不察也。凡为〔□□□〕槫，浅则散。□国越竟（境）而师者，绝地也。四劈（彻）者，矍（衢）地也。…… 者，轻地也。倍（背）固前□〔□□□□〕倍（背）固前适（敌）者，死地也。毋（无）所往者，穷地也。〔□□□〕散地，吾将壹其志；轻地，吾将使之偻；争地，吾将使不留；交地也，吾将固其结；矍（衢）地也，吾将谨其恃；〔□〕地也，吾将趣其后；泛地也，吾将进其□。围地也，吾将塞 …… □侯之请（情）：

遝则御，不得已则斗，过则从。……利。四五者，一不智（知），非五霸之兵也。彼五霸之兵，伐大国则其众不……则其交不□合。是故不……可拔也，城可隋（隳）也。无法之赏，无正之令，犯三……以害。勿告以利，芊之亡地然而后存，陷……于害，然后能为败为……□□将，此胃（谓）巧事。是故正（政）与（举）□……其使，厉于郎（廊）上，以诛其事。适（敌）人开阖，必亟入之。先其所爱，微（微）与……决战事。是故始如处……

注释　　①原注：此篇题见于孙子篇题木牍。

〔火　攻〕

火攻①

孙子曰：凡攻火有五，一曰火人，二曰火渍（积），三曰火辎，四曰火库，五曰火〔□□〕火有因，因必素具。发火有时，起火有日。时者，天……四者，风之起日也。火发□……火发其兵静而勿攻，极其火央，可从而从〔□□□□□〕止之。火可发于外，毋寺（待）于内，以时发之。火□上风，毋攻……

数守之。故以火佐攻者明，以水佐攻者强。水可 …… 得，不隋其攻者，凶，命之曰费留。故曰：明主虑之，良将随之。非利〔□□□□〕不用，非危不战。主不可以怒兴军，将不可以温（愠）战。合乎利而用，不合而止。怒可复喜也，温（愠）可复 ……

注释

①原注：此是篇题，写在简背。孙子篇题木牍有此篇篇题，但"火"下一字似非"攻"字，疑是此篇异名。

〔用　间〕①

孙子曰：凡 …… 里，百生（姓）之费，□ …… 知适（敌）之请（情）者，不仁之至也，非民之将也，非主〔□□□□□〕之注（主）也。故 …… 不可验于度，必取于人知者。故用间 …… 反间，有死间，有生间 …… 神纪，人君之葆（宝）也。生间者，反报 …… 乡人而用者。内间者，因 …… 三军之亲，莫亲于间，赏莫厚于间，事 …… 非仁不能使 …… 之葆。密戈（哉）密戈（哉），毋（无）所不用间〔□□〕事未发，闻间□ …… 用也。因是而知之，故乡间、内间可得而使也。…… 五间之事，必知之，……可不厚也。□……在夏。周之兴也，吕牙在□〔□□□□〕□倅师比在陉。燕之兴也，苏秦在齐。唯明主贤……

注释　①原注：此篇题见于孙子篇题木牍。

孙子兵法佚文释文

吴问

吴问①

吴王问孙子曰："六将军分守晋国之地，孰先亡？孰固成？"孙子曰："范、中行是（氏）先亡。""孰为之次？""智是（氏）为次。""孰为之次？""韩、巍（魏）为次。赵毋失其故法，晋国归焉。"吴王曰："其说可得闻乎？"孙子曰："可。范、中行是（氏）制田，以八十步为婉（畹），以百六十步为呁（亩），而伍税之。其□田陕（狭）②，置士多，伍税之，公家富。

公家富，置士多。主乔（骄）臣奢，冀功数战，故曰先〔亡〕。……公家富，置士多，主乔（骄）臣奢③，冀功数战，故为范、中行是（氏）次。韩，巍（魏）制田，以百步为𨙻（畹），以二百步为𠯈（亩），而伍税〔之〕。其□田陕（狭），其置士多。伍税之，公家富。公家富，置士多，主乔（骄）臣奢，冀功数战，故为智是（氏）次。赵是（氏）制田，以百廿步为𨙻（畹），以二百步为𠯈（亩），公无税焉。公家贫，其置士少，主金臣收，以御富民，故曰固国④。晋国归焉。"吴王曰："善。王者之道，□□⑤爱厚其民者也。"二百八十四

注释

①原注：此是篇题，写在简背。

②原注："田"上一字，据残划推测，似是"割"字。割田犹言制田。

③原注：本篇除此简残存十字外，他简皆完整。据篇末所记字数，本篇共二百八十四字。现存字数，计重文为二百五十五字，不计重文为二百四十九字。故此简缺文当为二十九字或三十五字。其左右相邻四简每简均为三十九字，似此简所缺字数当以二十九字为宜。此段缺文，除首一字当为"亡"字，属前一句外，其余二十八字似可据上下文补为："智是（氏）

制田，以九十步为婉（畹），以百八十步为昒（亩），其□田陕（狭），其置士多，伍税之。"本篇补足此二十八字后，前后文字连贯，当无缺简。

④原注："国"上一字，"□"内笔画不可辨，参照上下文义，定为"固"字。"固国"之语见于《国语·晋语》："夫固国者，在亲众而善邻，在因民而顺之。"

⑤原注：此二字不清，从残存字迹看，疑是"宜以"二字。

〔四　变〕

……〔徐（途）有所不由，军有所不击〕，城有所不攻，地有所不争，君令有〔所不行〕。

徐（途）之所不由者，曰：浅入则前事不信，深入则后利不棱（接）。动则不利，立则囚。如此者，弗由也。

军之所不（击）者，曰：两军交和而舍，计吾力足以破其军，獾其将。远计①之，有奇埶（势）巧权于它，而军……□将。如此者，军唯（虽）可嚴（击），弗嚴（击）也。

城之所不攻者，曰：计吾力足以拔之，拔之而不及利于前，得之而后弗能守。若力〔□〕之，城必不取。

及于前，利得而城自降，利不得而不为害于后。若此者，城唯（虽）可攻，弗攻也。

地之所不争者，曰：山谷水□无能生者，□□□而□□……虚。如此者，弗争也。

君令有所不行者，君令有反此四变者，则弗行也。……行也。事……变者，则智（知）用兵矣。

注释　①原注：此字左半已残，据文义定为"计"字。

黄帝伐赤帝

黄帝伐赤帝①

孙子曰：〔黄帝南伐赤帝，至于□□〕，战于反山之原，右阴，顺术，倍（背）冲，大威（灭）有之。〔□年〕休民，□榖，赦罪。东伐□帝，至于襄平，战于平□，〔右阴〕，顺术，倍（背）冲，大威（灭）〔有之。□〕年休民，□榖，赦罪。北伐黑帝，至于武隧，〔战于□□，右阴，顺术，倍冲，大威有之。□年休民，□榖，赦罪〕。西伐白帝，至于武刚，战于〔□□，右阴，顺术，倍冲，大威有〕之。已胜四帝，大有天下，暴者……以利天下，天下四面归之。汤之伐桀也，〔至于□□〕，战于薄田，右阴，顺术，倍（背）冲，大威（灭）有之。武王之伐〔纣〕至于葰遂，战牧之野，右阴，顺术，〔倍冲，大威〕有之。一帝二王皆得天之道、□之□，民之请（情），故……

注释　　①原注：此是篇题，写在简背。

地形二

〔地〕刑（形）二①

〔□〕地刑（形）东方为左，西方为〔右〕……

……首，地平用左，军……

……地也。交□水□……

……者，死地也。产草者□……

……地刚者，毋□□□也□……

……〔天〕离，天井、天宛□……

……是胃（谓）重利。前之，是胃（谓）歃守。古之，是胃（谓）天固。左之，是胃（谓）……

……所居高曰建堂，□曰□〔□〕□遂左水曰利，右水曰积……

……□五月度□地，七月□……

…… 三军出陈（阵），不问朝夕，右负丘陵，左前
水泽，顺者……

…… 九地之法，人请（情）之里（理），不可
不□……

注释

①原注，此是篇题，写在简背。此简上端残缺。据正文首句
"地刑东方为左，西方为〔右〕"，简背篇题"刑"上当残去一
"地"字。地形二疑为孙子中地形篇以外另一篇论地形的文字。
此篇各残简据书体及内容编入，因残断情况严重，先后次序
已不可知。

见吴王①

…… □于孙子之馆，曰："不穀好……兵者与
（欤）？"孙……乎？不穀之好兵□□□之□□□
也，适之好之也。"孙子曰："兵，利也，非好也。
兵，□〔也〕，非戏也。君王以好与戏问之，外臣
不敢对。"盖（阖）庐曰："不穀未闻道也，不敢趣
之利与……□孙子曰："唯君王之所欲，以贵者可
也，贱者可也，妇人可也。试男于右，试女于左，
□□□□……曰："不穀颢（愿）以妇人。"孙子

曰："妇人多所不忍，臣请代 …… 畏，有何悔乎？"
孙子曰："然则请得宫□□ …… 之国左后玺圈之
中，以为二陈（阵）□□ …… □曰："陈（阵）未
成，不足见也。及已成 …… □也。君王居台上而
侍（待）之，臣 …… □至日中请令 …… 陈（阵）
已成矣，□□听 …… □□不□不难。"君曰："若
（诺）。"孙子以其御为 …… 参乘为舆司空，告其
御、参乘曰："□□ …… □妇人而告之曰："知女
（汝）右手？""…… 之。""知女（汝）心？"曰："知
之。""知女（汝）北（背）？"曰："知之。""……
左手。胃（谓）女（汝）前，从女（汝）心。胃
（谓）女（汝）…… 人生也，若夫发令而从不听者
诛□□ …… □不从令者也。七周而泽（释）之，鼓
而前之 ……（三告而）五申之，鼓而前之，妇人乱
而〔□□□〕金而坐之，有（又）三告而五申之，鼓
而前之，妇人乱而笑。三告而五申者三矣，而令猷
（犹）不行。孙子乃召其司马与舆司空而告之曰："兵
法曰：弗令弗闻，君将之罪也；已令已申，卒长之罪
也。兵法曰：赏善始贱，罚 …… □请谢之。"孙子
曰："君□ …… 引而员（圆）之，员（圆）中规；引
而方之，方中巨（矩）。…… 盖（阖）庐六日不自

□□□□□ …… □□□□孙子再拜而起曰："道得
矣。…… □□□长远近习此教也，以为恒命。此素
教也，将之道也。民 …… □莫贵于威。威行于从，
严行于吏，三军信其将畏（威）者，乘其适（敌）。"
千□十五

…… 而 用 之， □ □ □ 得 矣。 若 □ 十 三 扁
（篇）所 ……

…… 〔十〕三扁（篇）所明道言功也，诚将闻□ ……

…… □而试之□得□ ……

…… 〔孙〕子曰："古（姑）试之，得而用之，无
不□ ……

…… □□□之孙子曰："外内贵贱得矣。"孙 ……

…… □不穀请学之。"为终食而□ ……

…… 将军□不穀不敢不□ ……

…… □也。请合之于□□□之于 ……

…… 者□□也。孙子 ……

…… 孙子曰：□ ……

…… 孙子 ……

注释　　①原注：此篇内容与《史记·孙子吴起列传》所记孙武见吴
王阖庐，以兵法试诸妇人之事大致相同。从文体看，似非竹

书孙子本文，疑是书后的附录。本篇竹简残断情况严重，前后顺序很难确定，今参考《史记》文字加以排比，有些地方可能与实际情况有出入。又本篇中孙子及吴王的话往往缺去开头结尾，释文碰到这种情况就只标下引号或只标上引号。

本书获2019年贵州省出版传媒事业发展专项资金资助

图书在版编目（CIP）数据

孙子全译/（春秋）孙武著；周亨祥译. — 贵阳:贵州人民出版社，2022.3
（中国历代名著全译丛书）
ISBN 978-7-221-15890-1

Ⅰ.①孙 … Ⅱ.①孙 … ②周 … Ⅲ.①《孙子兵法》—注释Ⅳ.①E892.25

中国版本图书馆CIP数据核字（2021）第213675号

出 版 人：王　旭
责任编辑：王潇潇　程　立
装帧设计：晓笛设计工作室　舒刚卫　刘清霞
责任监印：尹晓蓓　唐锡璋

书　　名：孙子全译
著　　者：〔春秋〕孙武
译　　注：周亨祥
出版发行：贵州出版集团　贵州人民出版社
地　　址：贵州省贵阳市观山湖区会展东路SOHO办公区A座
印　　刷：天津创先河普业印刷有限公司
开　　本：880mm×1230mm　32开
印　　张：6.625
字　　数：100千字
版　　次：2022年3月第1版
印　　次：2022年3月第1次印刷
书　　号：ISBN 978-7-221-15890-1
定　　价：26.00元

本书若有印装质量问题，影响阅读，请与出版社联系调换。